La Place

© Éditions Gallimard, 1983 pour le texte.
© Éditions Belin/Humensis – Éditions Gallimard, 2017 pour l'introduction, les notes
et le dossier pédagogique.
170 bis, boulevard du Montparnasse, 75680 Paris cedex 14

ISBN 978-2-410-00475-5
ISSN 1958-0541

CLASSICOCOLLÈGE

La Place

ANNIE ERNAUX

Dossier par Émilie Péron-Blévennec
Certifiée de lettres modernes

BELIN ■ GALLIMARD

Sommaire

Arrêt sur l'œuvre

Groupements de textes

Autour de l'œuvre

Vers l'écrit du Brevet

Fenêtres sur...

Des ouvrages à lire, des films à voir, des œuvres
d'art à découvrir et des sites Internet à consulter

Introduction

En 1984, Annie Ernaux obtient le prix Renaudot pour son récit *La Place* : jusqu'alors peu connue, elle entre ainsi dans le cercle des grands écrivains.

Ce récit, à mi-chemin entre la biographie et l'autobiographie, retrace l'histoire de son père qui s'est efforcé de gravir les échelons de la hiérarchie sociale. Fils de paysan, il devient ouvrier puis tenancier de café, évolution d'autant plus remarquable que ni son origine sociale, ni l'époque ne le prédestinaient à un tel avenir. En évoquant son père, c'est aussi sa jeunesse et son origine sociale que raconte la narratrice. Elle rend hommage à celui dont, adolescente, elle avait honte, mais qui lui a pourtant permis d'accéder elle-même à une vie plus confortable et à un univers plus cultivé.

Annie Ernaux ne plonge pas son lecteur dans un univers romanesque : par son écriture pudique et sa capacité à transcrire la vie quotidienne, l'histoire personnelle devient universelle, et rappelle des souvenirs à chacun.

« Je hasarde une explication :
écrire c'est le dernier recours quand on a trahi. »

JEAN GENET.

J'ai passé les épreuves pratiques du Capes[1] dans un lycée de Lyon, à la Croix-Rousse[2]. Un lycée neuf, avec des plantes vertes dans la partie réservée à l'administration et au corps enseignant, une bibliothèque au sol en moquette sable. J'ai attendu là qu'on vienne me chercher pour faire mon cours, objet de l'épreuve, devant l'inspecteur et deux assesseurs[3], des profs de lettres très confirmés. Une femme corrigeait des copies avec hauteur[4], sans hésiter. Il suffisait de franchir correctement l'heure suivante pour être autorisée à faire comme elle toute ma vie. Devant une classe de première, des matheux, j'ai expliqué vingt-cinq lignes – il fallait les numéroter – du *Père Goriot* de Balzac[5]. «Vous les avez traînés, vos élèves», m'a reproché l'inspecteur ensuite, dans le bureau du proviseur. Il était assis entre les deux assesseurs, un homme et une femme myope avec des chaussures roses. Moi en face. Pendant un quart d'heure, il a mélangé critiques, éloges, conseils, et j'écoutais à peine, me demandant si tout cela signifiait que j'étais reçue[6]. D'un seul coup, d'un même élan, ils se sont levés tous trois, l'air grave. Je me suis levée aussi, précipitamment.

---

1. **Capes**: certificat d'aptitude à l'enseignement du second degré, concours donnant accès à un poste de professeur.
2. **Croix-Rousse**: quartier de Lyon.
3. **Assesseurs**: membres du jury qui ont le rôle d'assistants.
4. **Avec hauteur**: avec mépris.
5. **Honoré de Balzac** (1799-1850): écrivain français, auteur d'une vaste série de romans intitulée *La Comédie humaine*.
6. **Que j'étais reçue**: que j'avais réussi le concours.

L'inspecteur m'a tendu la main. Puis, en me regardant bien en
20 face : « Madame, je vous félicite. » Les autres ont répété « je vous
félicite » et m'ont serré la main, mais la femme avec un sourire.

Je n'ai pas cessé de penser à cette cérémonie jusqu'à l'arrêt
de bus, avec colère et une espèce de honte. Le soir même, j'ai
écrit à mes parents que j'étais professeur « titulaire[1] ». Ma mère
25 m'a répondu qu'ils étaient très contents pour moi.

Mon père est mort deux mois après, jour pour jour. Il avait
soixante-sept ans et tenait avec ma mère un café-alimentation
dans un quartier tranquille non loin de la gare, à Y... (Seine-
Maritime). Il comptait se retirer dans un an. Souvent, durant
30 quelques secondes, je ne sais plus si la scène du lycée de Lyon
a eu lieu avant ou après, si le mois d'avril venteux où je me vois
attendre un bus à la Croix-Rousse doit précéder ou suivre le mois
de juin étouffant de sa mort.

C'était un dimanche, au début de l'après-midi.

35 Ma mère est apparue dans le haut de l'escalier. Elle se tampon-
nait les yeux avec la serviette de table qu'elle avait dû emporter
avec elle en montant dans la chambre après le déjeuner. Elle a
dit d'une voix neutre : « C'est fini. » Je ne me souviens pas des
minutes qui ont suivi. Je revois seulement les yeux de mon père

------

1. Titulaire : à qui on a confié un poste définitif.

40 fixant quelque chose derrière moi, loin, et ses lèvres retroussées au-dessus des gencives. Je crois avoir demandé à ma mère de lui fermer les yeux. Autour du lit, il y avait aussi la sœur de ma mère et son mari. Ils se sont proposés pour aider à la toilette, au rasage, parce qu'il fallait se dépêcher avant que le corps ne se
45 raidisse. Ma mère a pensé qu'on pourrait le revêtir du costume qu'il avait étrenné[1] pour mon mariage trois ans avant. Toute cette scène se déroulait très simplement, sans cris, ni sanglots, ma mère avait seulement les yeux rouges et un rictus[2] continuel. Les gestes s'accomplissaient tranquillement, sans désordre, avec
50 des paroles ordinaires. Mon oncle et ma tante répétaient «il a vraiment fait vite» ou «qu'il a changé». Ma mère s'adressait à mon père comme s'il était encore vivant, ou habité par une forme spéciale de vie, semblable à celle des nouveau-nés. Plusieurs fois, elle l'a appelé «mon pauvre petit père» avec affection.

55 Après le rasage, mon oncle a tiré le corps, l'a tenu levé pour qu'on lui enlève la chemise qu'il portait ces derniers jours et la remplacer par une propre. La tête retombait en avant, sur la poitrine nue couverte de marbrures[3]. Pour la première fois de ma vie, j'ai vu le sexe de mon père. Ma mère l'a dissimulé
60 rapidement avec les pans de la chemise propre, en riant un peu: «Cache ta misère, mon pauvre homme.» La toilette finie, on a joint les mains de mon père autour d'un chapelet[4]. Je ne sais plus si c'est ma mère ou ma tante qui a dit: «Il est plus gentil comme ça», c'est-à-dire net, convenable. J'ai fermé les persiennes[5]
65 et levé mon fils couché pour sa sieste dans la chambre à côté. «Grand-père fait dodo.»

---

1. Étrenné: porté pour la première fois.
2. Rictus: sourire crispé.
3. Marbrures: marques violacées sur la peau, comparables aux dessins du marbre.
4. Chapelet: collier de grains utilisé par les catholiques pour compter les prières.
5. Persiennes: volets.

Avertie par mon oncle, la famille qui vit à Y… est venue. Ils montaient avec ma mère et moi, et restaient devant le lit, silencieux quelques instants, après quoi ils chuchotaient sur la maladie et
70 la fin brutale de mon père. Quand ils étaient redescendus, nous leur offrions à boire dans le café.

Je ne me souviens pas du médecin de garde qui a constaté le décès. En quelques heures, la figure de mon père est devenue méconnaissable. Vers la fin de l'après-midi, je me suis trouvée
75 seule dans la chambre. Le soleil glissait à travers les persiennes sur le linoléum[1]. Ce n'était plus mon père. Le nez avait pris toute la place dans la figure creusée. Dans son costume bleu sombre lâche autour du corps, il ressemblait à un oiseau couché. Son visage d'homme aux yeux grands ouverts et fixes de l'heure suivant sa
80 mort avait déjà disparu. Même celui-là, je ne le reverrais jamais.

On a commencé de prévoir l'inhumation, la classe des pompes funèbres[2], la messe, les faire-part, les habits de deuil. J'avais l'impression que ces préparatifs n'avaient pas de lien avec mon père. Une cérémonie dont il serait absent pour une raison quelconque. Ma
85 mère était dans un état de grande excitation et m'a confié que, la nuit d'avant, mon père avait tâtonné vers elle pour l'embrasser, alors qu'il ne parlait déjà plus. Elle a ajouté : « Il était beau garçon, tu sais, étant jeune. »

L'odeur est arrivée le lundi. Je ne l'avais pas imaginée. Relent[3]
90 doux puis terrible de fleurs oubliées dans un vase d'eau croupie[4].

---

1. Linoléum : revêtement de sol.
2. Inhumation : enterrement ; **classe des pompes funèbres** : type de service qui sera demandé aux pompes funèbres, entreprise chargée de l'organisation des funérailles.
3. Relent : mauvaise odeur persistante.
4. Croupie : stagnante donc malsaine et malodorante.

Ma mère n'a fermé le commerce que pour l'enterrement. Sinon, elle aurait perdu des clients et elle ne pouvait pas se le permettre. Mon père décédé reposait en haut et elle servait des pastis et des rouges[1] en bas. Larmes, silence et dignité, tel est le comportement qu'on doit avoir à la mort d'un proche, dans une vision distinguée du monde. Ma mère, comme le voisinage, obéissait à des règles de savoir-vivre où le souci de dignité n'a rien à voir. Entre la mort de mon père le dimanche et l'inhumation le mercredi, chaque habitué, sitôt assis, commentait l'événement d'une façon laconique[2], à voix basse : «Il a drôlement fait vite… », ou faussement joviale[3] : «Alors il s'est laissé aller le patron ! » Ils faisaient part de leur émotion quand ils avaient appris la nouvelle, «j'ai été retourné», «je ne sais pas ce que ça m'a fait». Ils voulaient manifester ainsi à ma mère qu'elle n'était pas seule dans sa douleur, une forme de politesse. Beaucoup se rappelaient la dernière fois qu'ils l'avaient vu en bonne santé, recherchant tous les détails de cette dernière rencontre, le lieu exact, le jour, le temps qu'il faisait, les paroles échangées. Cette évocation minutieuse d'un moment où la vie allait de soi servait à exprimer tout ce que la mort de mon père avait de choquant pour la raison. C'est aussi par politesse qu'ils voulaient voir le patron. Ma mère n'a pas accédé toutefois à toutes les demandes. Elle triait les bons, animés d'une sympathie véritable, des mauvais poussés par la curiosité. À peu près tous les habitués du café ont eu l'autorisation de dire au revoir à mon père. L'épouse d'un entrepreneur voisin a été refoulée parce qu'il n'avait jamais pu la sentir de son vivant, elle et sa bouche en cul de poule[4].

Les pompes funèbres sont venues le lundi. L'escalier qui monte de la cuisine aux chambres s'est révélé trop étroit pour le passage du cercueil. Le corps a dû être enveloppé dans un sac de plastique

---

1. **Pastis** : verres d'une boisson anisée ; **des rouges** : des verres de vin rouge.
2. **D'une façon laconique** : avec peu de mots.
3. **Joviale** : enjouée, gaie.
4. **Bouche en cul de poule** : au sens figuré, air mielleux, hypocrite.

et traîné, plus que transporté, sur les marches, jusqu'au cercueil posé au milieu du café fermé pour une heure. Une descente très longue, avec les commentaires des employés sur la meilleure façon de s'y prendre, pivoter dans le tournant, etc.

125 Il y avait un trou dans l'oreiller sur lequel sa tête avait reposé depuis dimanche. Tant que le corps était là, nous n'avions pas fait le ménage de la chambre. Les vêtements de mon père étaient encore sur la chaise. De la poche à fermeture éclair de la salopette, j'ai retiré une liasse de billets, la recette[1] du mercredi précédent.
130 J'ai jeté les médicaments et porté les vêtements au sale.

La veille de l'inhumation, on a fait cuire une pièce de veau pour le repas qui suivrait la cérémonie. Il aurait été indélicat de renvoyer le ventre vide les gens qui vous font l'honneur d'assister aux obsèques. Mon mari est arrivé le soir, bronzé, gêné par un
135 deuil qui n'était pas le sien. Plus que jamais, il a paru déplacé ici. On a dormi dans le seul lit à deux places, celui où mon père était mort.

Beaucoup de gens du quartier à l'église, les femmes qui ne travaillent pas, des ouvriers qui avaient pris une heure. Natu-
140 rellement, aucune de ces personnes «haut placées» auxquelles mon père avait eu affaire pendant sa vie ne s'était dérangée, ni d'autres commerçants. Il ne faisait partie de rien, payant juste sa cotisation à l'union commerciale[2], sans participer à quoi que ce soit. Dans l'éloge funèbre[3], l'archiprêtre[3] a parlé d'une «vie
145 d'honnêteté, de travail», «un homme qui n'a jamais fait de tort à personne».

---

1. Recette: somme gagnée.
2. Union commerciale: association de commerçants de la ville.
3. Éloge funèbre: lors d'un enterrement, discours d'hommage prononcé au sujet du défunt; **archiprêtre**: titre honorifique donné à un curé.

Il y a eu le serrement des mains. Par une erreur du sacristain[1] dirigeant l'opération – à moins qu'il n'ait imaginé ce moyen d'un tour supplémentaire pour grossir le nombre des assistants – les mêmes gens qui nous avaient serré la main sont repassés. Une ronde cette fois rapide et sans condoléances. Au cimetière, quand le cercueil est descendu en oscillant entre les cordes, ma mère a éclaté en sanglots, comme le jour de mon mariage, à la messe.

Le repas d'inhumation s'est tenu dans le café, sur les tables mises bout à bout. Après un début silencieux, les conversations se sont mises en train. L'enfant, réveillé d'une bonne sieste, allait des uns aux autres en offrant une fleur, des cailloux, tout ce qu'il trouvait dans le jardin. Le frère de mon père, assez loin de moi, s'est penché pour me voir et me lancer : « Te rappelles-tu quand ton père te conduisait sur son vélo à l'école ? » Il avait la même voix que mon père. Vers cinq heures, les invités sont partis. On a rangé les tables sans parler. Mon mari a repris le train le soir même.

Je suis restée quelques jours avec ma mère pour les démarches et formalités courantes après un décès. Inscription sur le livret de famille à la mairie, paiement des pompes funèbres, réponses aux faire-part. Nouvelles cartes de visite, madame *veuve* A… D… Une période blanche, sans pensées. Plusieurs fois, en marchant dans les rues, « je suis une grande personne » (ma mère, autrefois, « tu es une grande fille » à cause des règles).

On a réuni les vêtements de mon père pour les distribuer à des gens qui en auraient besoin. Dans son veston de tous les jours, accroché dans le cellier[2], j'ai trouvé son portefeuille. Dedans, il y avait un peu d'argent, le permis de conduire et, dans la partie qui se replie, une photo glissée à l'intérieur d'une coupure de journal. La photo, ancienne, avec des bords dentelés, montrait

---

1. Sacristain : employé chargé de l'entretien d'une église et des objets de culte.
2. Cellier : petite pièce, souvent attenante à la cuisine, destinée au stockage des aliments.

un groupe d'ouvriers alignés sur trois rangs, regardant l'objectif, tous en casquette. Photo typique des livres d'histoire pour
«illustrer» une grève ou le Front populaire[1]. J'ai reconnu mon
père au dernier rang, l'air sérieux, presque inquiet. Beaucoup
rient. La coupure de journal donnait les résultats, par ordre de
mérite, du concours d'entrée des bachelières à l'école normale
d'institutrices. Le deuxième nom, c'était moi.

Ma mère est redevenue calme. Elle servait les clients comme
avant. Seule, ses traits s'affaissaient. Chaque matin, tôt, avant
l'ouverture du commerce, elle a pris l'habitude d'aller au cimetière.

Dans le train du retour, le dimanche, j'essayais d'amuser mon
fils pour qu'il se tienne tranquille, les voyageurs de première
n'aiment pas le bruit et les enfants qui bougent. D'un seul coup,
avec stupeur, «maintenant, je suis vraiment une bourgeoise» et
«il est trop tard».

Plus tard, au cours de l'été, en attendant mon premier poste,
«il faudra que j'explique tout cela». Je voulais dire, écrire au
sujet de mon père, sa vie, et cette distance venue à l'adolescence
entre lui et moi. Une distance de classe, mais particulière, qui
n'a pas de nom. Comme de l'amour séparé.

Par la suite, j'ai commencé un roman dont il était le personnage
principal. Sensation de dégoût au milieu du récit.

Depuis peu, je sais que le roman est impossible. Pour rendre
compte d'une vie soumise à la nécessité[2], je n'ai pas le droit de

---

1. Front populaire: entre 1936 et 1938, période durant laquelle la France a été
gouvernée par des partis de gauche, marquée par d'importantes réformes sociales
(comme l'instauration des congés payés).
2. Nécessité: contrainte, obligation.

prendre d'abord le parti de l'art, ni de chercher à faire quelque chose de «passionnant», ou d'«émouvant». Je rassemblerai les paroles, les gestes, les goûts de mon père, les faits marquants de sa vie, tous les signes objectifs[1] d'une existence que j'ai aussi
205 partagée.

Aucune poésie du souvenir, pas de dérision jubilante[2]. L'écriture plate me vient naturellement, celle-là même que j'utilisais en écrivant autrefois à mes parents pour leur dire les nouvelles essentielles.

210 L'histoire commence quelques mois avant le vingtième siècle, dans un village du pays de Caux[3], à vingt-cinq kilomètres de la mer. Ceux qui n'avaient pas de terre se *louaient*[4] chez les gros fermiers de la région. Mon grand-père travaillait donc dans une ferme comme charretier[5]. L'été, il faisait aussi les foins, la mois-
215 son. Il n'a rien fait d'autre de toute sa vie, dès l'âge de huit ans. Le samedi soir, il rapportait à sa femme toute sa paye et elle lui donnait son dimanche pour qu'il aille jouer aux dominos, boire son petit verre. Il rentrait saoul, encore plus sombre. Pour un rien, il distribuait des coups de casquette aux enfants. C'était un
220 homme dur, personne n'osait lui chercher des noises[6]. Sa femme *ne riait pas tous les jours.* Cette méchanceté était son ressort vital, sa

---

1. **Objectifs**: factuels, fondés sur l'observation.
2. **Dérision jubilante**: ton moqueur qui s'accompagne d'un plaisir à se moquer.
3. **Pays de Caux**: région de Haute-Normandie.
4. **Se louaient**: se mettaient au service de.
5. **Charretier**: personne qui conduit une charrette.
6. **Lui chercher des noises**: le provoquer, se quereller avec lui.

force pour résister à la misère et croire qu'il était un homme. Ce qui le rendait violent, surtout, c'était de voir chez lui quelqu'un de la famille plongé dans un livre ou un journal. Il n'avait pas eu le temps d'apprendre à lire et à écrire. Compter, il savait.

Je n'ai vu qu'une seule fois mon grand-père, à l'hospice[1] où il devait mourir trois mois après. Mon père m'a menée par la main à travers deux rangées de lits, dans une salle immense, vers un très petit vieux à la belle chevelure blanche et bouclée. Il riait tout le temps en me regardant, plein de gentillesse. Mon père lui avait glissé un quart d'eau-de-vie, qu'il avait enfoui sous ses draps.

Chaque fois qu'on m'a parlé de lui, cela commençait par «il ne savait ni lire ni écrire», comme si sa vie et son caractère ne se comprenaient pas sans cette donnée initiale. Ma grand-mère, elle, avait appris à l'école des sœurs[2]. Comme les autres femmes du village, elle tissait chez elle pour le compte d'une fabrique de Rouen, dans une pièce sans air recevant un jour étroit d'ouvertures allongées, à peine plus larges que des meurtrières[3]. Les étoffes ne devaient pas être abîmées par la lumière. Elle était propre sur elle et dans son ménage, qualité la plus importante au village, où les voisins surveillaient la blancheur et l'état du linge en train de sécher sur la corde et savaient si le seau de nuit était vidé tous les jours. Bien que les maisons soient isolées les unes des autres par des haies et des talus, rien n'échappait au regard des gens, ni l'heure à laquelle l'homme était rentré du bistrot, ni la semaine où les serviettes hygiéniques auraient dû se balancer au vent[4].

Ma grand-mère avait même de la distinction, aux fêtes elle portait un faux cul[5] en carton et elle ne pissait pas debout sous

---

1. Hospice : établissement qui accueillait les personnes âgées.
2. École des sœurs : école tenue par des religieuses.
3. Meurtrières : fenêtres très étroites des châteaux-forts médiévaux.
4. Allusion à une possible grossesse que les voisins guettaient.
5. Faux cul : armature ou coussin placé sous l'arrière de la jupe afin de lui donner du volume.

250 ses jupes comme la plupart des femmes de la campagne, par commodité. Vers la quarantaine, après cinq enfants, les idées noires lui sont venues, elle cessait de parler durant des jours. Plus tard, des rhumatismes[1] aux mains et aux jambes. Pour guérir, elle allait voir saint Riquier, saint Guillaume du Désert[2], frottait

255 la statue avec un linge qu'elle s'appliquait sur les parties malades. Progressivement elle a cessé de marcher. On louait une voiture à cheval pour la conduire aux saints.

Ils habitaient une maison basse, au toit de chaume, au sol en terre battue. Il suffit d'arroser avant de balayer. Ils vivaient des

260 produits du jardin et du poulailler, du beurre et de la crème que le fermier cédait à mon grand-père. Des mois à l'avance ils pensaient aux noces et aux communions, ils y arrivaient le ventre creux de trois jours pour mieux profiter. Un enfant du village, en convalescence d'une scarlatine[3], est mort étouffé sous

265 les vomissements des morceaux de volaille dont on l'avait gavé. Les dimanches d'été, ils allaient aux «assemblées», où l'on jouait et dansait. Un jour, mon père, en haut du mât de cocagne[4], a glissé sans avoir décroché le panier de victuailles. La colère de mon grand-père dura des heures. «*Espèce de grand piot*» (nom

270 du dindon en normand).

Le signe de croix sur le pain, la messe, les pâques. Comme la propreté, la religion leur donnait la dignité. Ils s'habillaient en dimanche, chantaient le Credo[5] en même temps que les gros fermiers, mettaient des sous dans le plat[6]. Mon père était enfant

---

1. Rhumatismes: douleurs dans les os et les articulations.
2. Saint Riquier, saint Guillaume du Désert: saints qui, selon la religion catholique, ont accompli des miracles.
3. Scarlatine: maladie infantile très contagieuse.
4. Mât de cocagne: lors des fêtes populaires, mât glissant au sommet duquel il faut grimper pour décrocher une récompense.
5. Credo: nom d'une prière chrétienne (en latin, «credo» signifie «je crois»).
6. Allusion à la quête, au cours de laquelle les fidèles donnent de l'argent en offrande à l'Église.

275 de chœur[1], il aimait accompagner le curé porter le viatique[2]. Tous les hommes se découvraient sur leur passage.

Les enfants avaient toujours des vers. Pour les chasser, on cousait à l'intérieur de la chemise, près du nombril, une petite bourse remplie d'ail. L'hiver, du coton dans les oreilles. Quand je lis 280 Proust ou Mauriac[3], je ne crois pas qu'ils évoquent le temps où mon père était enfant. Son cadre à lui c'est le Moyen Âge.

Il faisait deux kilomètres à pied pour atteindre l'école. Chaque lundi, l'instituteur inspectait les ongles, le haut du tricot de corps, les cheveux à cause de la vermine[4]. Il enseignait durement, la 285 règle de fer sur les doigts, *respecté*. Certains de ses élèves parvenaient au certificat[5] dans les premiers du canton, un ou deux à l'école normale d'instituteurs. Mon père manquait la classe, à cause des pommes à ramasser, du foin, de la paille à botteler[6], de tout ce qui se sème et se récolte. Quand il revenait à l'école, 290 avec son frère aîné, le maître hurlait «Vos parents veulent donc que vous soyez misérables comme eux ! ». Il a réussi à savoir lire et écrire sans faute. Il aimait apprendre. (On disait apprendre tout court, comme boire ou manger.) Dessiner aussi, des têtes, les animaux. À douze ans, il se trouvait dans la classe du certificat. 295 Mon grand-père l'a retiré de l'école pour le placer dans la même ferme que lui. On ne pouvait plus le nourrir à rien faire. «On n'y pensait pas, c'était pour tout le monde pareil.»

---

1. **Enfant de chœur**: enfant chargé d'assister le prêtre lors de la messe.
2. **Viatique**: dans la religion catholique, communion donnée à un mourant pour assurer le repos de son âme.
3. **Marcel Proust** (1871-1922): écrivain français, auteur de la série de romans *À la recherche du temps perdu*; **François Mauriac** (1885-1970): écrivain français.
4. **De la vermine**: des parasites.
5. **Certificat**: certificat d'études, diplôme sanctionnant la fin de la scolarité à l'école primaire.
6. **Botteler**: assembler de la paille en bottes.

Le livre de lecture de mon père s'appelait *Le Tour de la France par deux enfants*[1]. On y lit des phrases étranges, comme :

300   *Apprendre à toujours être heureux de notre sort (p. 186 de la 326ᵉ édition).*

Ce qu'il y a de plus beau au monde, c'est la charité[2] du pauvre (p. 11).

Une famille unie par l'affection possède la meilleure des richesses (p. 260).

305   *Ce qu'il y a de plus heureux dans la richesse, c'est qu'elle permet de soulager la misère d'autrui (p. 130).*

Le sublime[3] à l'usage des enfants pauvres donne ceci :
L'homme actif ne perd pas une minute, et, à la fin de la journée, il se trouve que chaque heure lui a apporté quelque chose. Le négligent, au contraire, remet toujours la peine à un autre moment ; il s'endort
310 *et s'oublie partout, aussi bien au lit qu'à la table et à la conversation ; le jour arrive à sa fin, il n'a rien fait ; les mois et les années s'écoulent, la vieillesse vient, il en est encore au même point.*

C'est le seul livre dont il a gardé le souvenir, « ça nous paraissait réel ».

315 Il s'est mis à traire les vaches le matin à cinq heures, à vider les écuries, panser les chevaux, traire les vaches le soir. En échange,

---

1. *Le Tour de la France par deux enfants* : livre utilisé pour l'apprentissage de la lecture à l'école primaire de la fin du xixᵉ siècle aux années 1950. Très patriotique, il relate le périple de deux enfants après l'annexion de l'Alsace-Lorraine par la Prusse en 1871.
2. Charité : dans la religion chrétienne, amour de Dieu et d'autrui.
3. Sublime : élévation morale.

blanchi, nourri, logé, un peu d'argent. Il couchait au-dessus de l'étable, une paillasse sans draps. Les bêtes rêvent, toute la nuit tapent le sol. Il pensait à la maison de ses parents, un lieu mainte-
320 nant interdit. L'une de ses sœurs, bonne à tout faire, apparaissait parfois à la barrière, avec son baluchon, muette. Le grand-père jurait, elle ne savait pas dire pourquoi elle s'était encore une fois sauvée de sa place[1]. Le soir même, il la reconduisait chez ses patrons, en lui faisant honte.

325 Mon père était gai de caractère, joueur, toujours prêt à raconter des histoires, faire des farces. Il n'y avait personne de son âge à la ferme. Le dimanche, il servait la messe avec son frère, vacher comme lui. Il fréquentait les « assemblées », dansait, retrouvait les copains d'école. *On était heureux quand même. Il fallait bien.*

330 Il est resté gars de ferme jusqu'au régiment[2]. Les heures de travail ne se comptaient pas. Les fermiers rognaient[3] sur la nourriture. Un jour, la tranche de viande servie dans l'assiette d'un vieux vacher a ondulé doucement, dessous elle était pleine de vers. Le supportable venait d'être dépassé. Le vieux s'est levé, réclamant
335 qu'ils ne soient plus traités comme des chiens. La viande a été changée. Ce n'est pas le *Cuirassé Potemkine*[4].

Des vaches du matin à celles du soir, le crachin d'octobre, les rasières[5] de pommes qu'on bascule au pressoir, la fiente des poulaillers ramassée à larges pelles, avoir chaud et soif. Mais aussi

---

1. Place : emploi dans la maison où elle était domestique.
2. Régiment : service militaire.
3. Rognaient : se montraient avares.
4. Le *Cuirassé Potemkine* : film soviétique de 1925 réalisé par Sergueï Eisenstein (1898-1948). Le début du film raconte la révolte de l'équipage d'un navire de guerre à la suite d'un repas où avait été servie de la viande pleine de vers. La mutinerie a été violemment réprimée.
5. Rasières : paniers destinés à la récolte des pommes.

340 la galette des rois, l'almanach Vermot[1], les châtaignes grillées,
Mardi gras t'en va pas nous ferons des crêpes, le cidre bouché
et les grenouilles pétées avec une paille. Ce serait facile de faire
quelque chose dans ce genre. L'éternel retour des saisons, les
joies simples et le silence des champs. Mon père travaillait la
345 terre des autres, il n'en a pas vu la beauté, la splendeur de la
Terre-Mère et autres mythes lui ont échappé.

À la guerre 14, il n'est plus demeuré dans les fermes que les
jeunes comme mon père et les vieux. On les ménageait. Il suivait
l'avance des armées sur une carte accrochée dans la cuisine,
350 découvrait les journaux polissons[2] et allait au cinéma à Y… Tout
le monde lisait à haute voix le texte sous l'image, beaucoup
n'avaient pas le temps d'arriver au bout. Il disait les mots d'argot
rapportés par son frère en permission. Les femmes du village
surveillaient tous les mois la lessive de celles dont le mari était au
355 front, pour vérifier s'il ne manquait rien, aucune pièce de linge.

La guerre a secoué le temps. Au village, on jouait au yoyo et
on buvait du vin dans les cafés au lieu de cidre. Dans les bals, les
filles aimaient de moins en moins les gars de ferme, qui portaient
toujours une odeur sur eux.

360 Par le régiment mon père est entré dans le monde[3]. Paris, le
métro, une ville de Lorraine, un uniforme qui les faisait tous
égaux, des compagnons venus de partout, la caserne plus grande
qu'un château. Il eut le droit d'échanger là ses dents rongées par
le cidre contre un appareil. Il se faisait prendre en photo souvent.

365 Au retour, il n'a plus voulu retourner dans la culture. Il a toujours appelé ainsi le travail de la terre, l'autre sens de culture, le
spirituel[4], lui était inutile.

---

1. L'almanach Vermot : calendrier illustré contenant des informations pratiques, des
conseils, des histoires drôles.
2. Polissons : grivois, voire érotiques.
3. Est entré dans le monde : a accédé à la vie citadine, en dehors de la campagne.
4. Spirituel : en rapport avec l'esprit, l'intelligence.

Naturellement, pas d'autre choix que l'usine. Au sortir de la guerre, Y... commençait à s'industrialiser. Mon père est entré dans une corderie qui embauchait garçons et filles dès l'âge de treize ans. C'était un travail propre, à l'abri des intempéries. Il y avait des toilettes et des vestiaires séparés pour chaque sexe, des horaires fixes. Après la sirène, le soir, il était libre et il ne sentait plus sur lui la laiterie. Sorti du premier cercle[1]. À Rouen ou au Havre, on trouvait des emplois mieux payés, il lui aurait fallu quitter la famille, la mère crucifiée[2], affronter les malins de la ville. Il manquait de culot : huit ans de bêtes et de plaines.

Il était sérieux, c'est-à-dire, pour un ouvrier, ni feignant, ni buveur, ni noceur. Le cinéma et le charleston[3], mais pas le bistrot. Bien vu des chefs, ni syndicat[4] ni politique. Il s'était acheté un vélo, il mettait chaque semaine de l'argent de côté.

Ma mère a dû apprécier tout cela quand elle l'a rencontré à la corderie, après avoir travaillé dans une fabrique de margarine. Il était grand, brun, des yeux bleus, se tenait très droit, il se « croyait » un peu. « Mon mari n'a jamais fait ouvrier. »

Elle avait perdu son père. Ma grand-mère tissait à domicile, faisait des lessives et du repassage pour finir d'élever les derniers de ses six enfants. Ma mère achetait le dimanche, avec ses sœurs, un cornet de miettes de gâteaux chez le pâtissier. Ils n'ont pu se

---

1. Sorti du premier cercle : il avait quitté son milieu paysan d'origine.
2. Crucifiée : qui souffrirait de l'absence de son fils, souffrance égale à celle de Jésus-Christ sur sa croix.
3. Charleston : danse rythmée à la mode dans les années 1920.
4. Syndicat : association destinée à promouvoir les droits des travailleurs.

390 fréquenter tout de suite, ma grand-mère ne voulait pas qu'on lui prenne ses filles trop tôt, à chaque fois, c'était les trois quarts d'une paye qui s'en allaient.

Les sœurs de mon père, employées de maison dans des familles bourgeoises ont regardé ma mère de haut. Les filles d'usine 395 étaient accusées de ne pas savoir faire leur lit, de courir[1]. Au village, on lui a trouvé mauvais genre. Elle voulait copier la mode des journaux, s'était fait couper les cheveux parmi les premières, portait des robes courtes et se fardait les yeux, les ongles des mains. Elle riait fort. En réalité, jamais elle ne s'était laissé toucher 400 dans les toilettes, tous les dimanches elle allait à la messe et elle avait ajouré[2] elle-même ses draps, brodé son trousseau[3]. C'était une ouvrière vive, répondeuse[4]. Une de ses phrases favorites : « Je vaux bien ces gens-là. »

Sur la photo du mariage, on lui voit les genoux. Elle fixe dure-405 ment l'objectif sous le voile qui lui enserre le front jusqu'au-dessus des yeux. Elle ressemble à Sarah Bernhardt[5]. Mon père se tient debout à côté d'elle, une petite moustache et « le col à manger de la tarte ». Ils ne sourient ni l'un ni l'autre.

Elle a toujours eu honte de l'amour. Ils n'avaient pas de caresses 410 ni de gestes tendres l'un pour l'autre. Devant moi, il l'embrassait d'un coup de tête brusque, comme par obligation, sur la joue. Il lui disait souvent des choses ordinaires mais en la regardant fixe-ment, elle baissait les yeux et s'empêchait de rire. En grandissant, j'ai compris qu'il lui faisait des allusions sexuelles. Il fredonnait

---

1. **Courir** : tenter de séduire les hommes.
2. **Ajouré** : décoré de petits trous.
3. **Trousseau** : linge, vêtements qu'on donnait à une jeune fille lorsqu'elle se mariait.
4. **Répondeuse** : qui n'hésite pas à répliquer aux remarques ou aux ordres.
5. **Sarah Bernhardt** (1844-1923) : actrice française.

415 souvent *Parlez-moi d'amour*, elle chantait à bouleverser, aux repas de famille, *Voici mon corps pour vous aimer.*

Il avait appris la condition essentielle pour ne pas reproduire la misère des parents : ne pas *s'oublier* dans une femme [1].

Ils ont loué un logement à Y…, dans un pâté de maisons longeant
420 une rue passante et donnant de l'autre côté sur une cour commune. Deux pièces en bas, deux à l'étage. Pour ma mère surtout, le rêve réalisé de la « chambre en haut ». Avec les économies de mon père, ils ont eu tout ce qu'il faut, une salle à manger, une chambre avec une armoire à glace. Une petite fille est née et ma
425 mère est restée chez elle. Elle s'ennuyait. Mon père a trouvé une place mieux payée que la corderie, chez un couvreur [2].

C'est elle qui a eu l'idée, un jour où l'on a ramené mon père sans voix, tombé d'une charpente qu'il réparait, une forte commotion [3] seulement. Prendre un commerce. Ils se sont remis à éco-
430 nomiser, beaucoup de pain et de charcuterie. Parmi tous les commerces possibles, ils ne pouvaient en choisir qu'un sans mise de fonds [4] importante et sans savoir-faire particulier, juste l'achat et la revente des marchandises. Un commerce pas cher parce qu'on y gagne peu. Le dimanche, ils sont allés voir à vélo les
435 petits bistrots de quartier, les épiceries-merceries de campagne. Ils se renseignaient pour savoir s'il n'y avait pas de concurrent à proximité, ils avaient peur d'être roulés, de tout perdre pour finalement *retomber ouvriers.*

---

1. **Ne pas *s'oublier* dans une femme** : éviter de provoquer une grossesse.
2. **Couvreur** : artisan qui pose des toitures.
3. **Commotion** : choc violent.
4. **Mise de fonds** : somme d'argent apportée à la création d'une entreprise.

Arrêt
sur lecture 1

Un quiz pour commencer

Cochez les bonnes réponses.

1 *Quel événement est raconté au tout début du récit ?*

- ❑ L'annonce des résultats du concours de professeur.
- ❑ Un entretien d'embauche dans une usine.
- ❑ Le décès de la mère de la narratrice.

2 *Dans quelle région de France le récit se déroule-t-il ?*

- ❑ En Bretagne.
- ❑ En Provence.
- ❑ En Normandie.

3 *Quel métier le père de la narratrice a-t-il exercé lorsqu'il était jeune ?*

- ❑ Cultivateur.
- ❑ Vacher.
- ❑ Livreur.

4 *Comment le grand-père de la narratrice est-il présenté ?*

  ❏ Tendre et attentionné.

  ❏ Rustre mais aimable.

  ❏ Dur et violent.

5 *Comment le père de la narratrice découvre-t-il un monde différent de son milieu d'origine ?*

  ❏ En faisant des études.

  ❏ En faisant son service militaire.

  ❏ En partant à l'étranger.

6 *Lorsqu'il quitte la campagne, vers quel métier le père de la narratrice se tourne-t-il d'abord ?*

  ❏ Ouvrier.

  ❏ Peintre.

  ❏ Couvreur.

7 *Que décident les parents de la narratrice lorsque son père tombe du toit ?*

  ❏ De revenir à la campagne.

  ❏ D'acheter un commerce.

  ❏ D'ouvrir un restaurant.

Des questions pour aller plus loin

> → *Étudier la mise en place du récit d'enfance*

Le récit des souvenirs

1 Dans les deux premiers paragraphes, quels éléments donnent une impression d'authenticité ? Appuyez-vous sur les pronoms personnels employés et sur l'importance donnée aux détails.

2 Quels événements sont racontés au début du récit ? Quel effet l'enchaînement de ces deux souvenirs produit-il sur le lecteur ?

3 Expliquez en quoi les lignes 199 à 209 (p. 18-19) marquent une rupture par rapport au reste du récit.

La généalogie familiale

4 Par quelle formule le récit des origines familiales débute-t-il (p. 19) ? Quel est l'effet produit ?

5 Pourquoi la narratrice raconte-t-elle la vie de ses grands-parents ?

6 Dressez le portrait du grand-père et de la grand-mère de la narratrice en vous appuyant sur des expressions du texte.

7 La narratrice écrit à propos de son père : « Son cadre à lui c'est le Moyen Âge » (p. 22, l. 281). Comment comprenez-vous cette phrase ?

La notion de classe sociale

8 Quelles informations les portraits des grands-parents donnent-ils sur les conditions de vie à la fin du XIXe siècle et au début du XXe siècle dans les campagnes françaises ? Évoquez en particulier la place de l'école et celle de la religion.

9 Quelles valeurs le livre de lecture du père de la narratrice enseigne-t-il (p. 23) ? Quelle impression produit-il sur un lecteur d'une génération postérieure ?

10 Quels changements le passage au régiment entraîne-t-il dans la vie du père ?

11 Relevez des détails qui révèlent que les parents de la narratrice ne sont pas satisfaits de leur condition sociale et qu'ils en ont honte.

12 En quoi la question de la classe sociale est-elle à l'origine du projet d'écriture du livre ? Justifiez votre réponse en citant le texte.

Le projet d'une écriture « plate »

13 Lorsque la narratrice commence pour la première fois l'écriture d'un livre sur son père, cette tentative échoue. Quelles caractéristiques son récit devra-t-il respecter afin que son entreprise réussisse ? Appuyez-vous sur le texte pour répondre.

14 Le texte ménage des blancs plus ou moins importants : comment peut-on les interpréter ?

15 Quel effet les passages en italique produisent-ils ? Citez au moins deux exemples.

16 La narratrice dit faire le choix d'une écriture « plate » (p. 19, l. 206-207). Relevez les caractéristiques qui produisent cette impression : ponctuation, structure et enchaînement des phrases, nature de ce qui est raconté, implication minimale de la narratrice dans son récit.

✔ *Rappelez-vous!*

À travers cette œuvre, la narratrice souhaite retracer le plus objectivement possible l'existence du père. Son **appartenance sociale** et sa difficile **ascension** sont d'emblée placées au cœur du récit. C'est pourquoi elle dresse une **généalogie familiale**: pour brosser le portrait de son père, elle montre d'où il vient. *La Place* est à la fois le récit de la vie du père de la narratrice, celui de la jeunesse de la narratrice elle-même, et celui de l'écriture du livre.

De la lecture à l'expression orale et écrite

💬🖊 *Des mots pour mieux s'exprimer*

1 **Complétez chacune des phrases suivantes avec les mots qui conviennent:**

> Convenable   Dignité   Distinction
>
> Indélicat   Mauvais genre   Savoir-vivre

a. Elle n'a cessé de se plaindre de son travail alors qu'il venait de perdre son emploi: c'était très _____ de sa part!

b. Ma grand-mère pense que la minijupe donne _____ aux jeunes filles.

c. Cette nouvelle robe est très élégante et lui procure de la _____!

d. J'ai acheté un manuel de _____ pour apprendre comment me comporter lors d'un dîner mondain.

e. Malgré ses malheurs, il a gardé la tête haute et s'est comporté avec _____.

f. Il aurait été plus _____ de me prévenir avant de me rendre visite.

2 **a.** *Expliquez la formation du mot* [misérables] *(p. 22, l. 291). Quelles peuvent être ses deux natures grammaticales ?*

b. *Quels sont les deux sens possibles de ce mot ? Employez-le dans deux phrases qui éclaireront chacun de ces sens.*

🎙 *La parole est à vous*

3 *Présentez votre généalogie à la manière de la narratrice (p. 19-28).*

Consignes. Veillez à évoquer clairement les personnes que vous mentionnez et les liens qui vous unissent, afin que vos camarades comprennent aisément. Pour que l'exercice soit réussi, ils devraient être capables de représenter votre généalogie par un schéma semblable au tableau de Frida Kahlo (➡ voir image reproduite en fin d'ouvrage, au verso de la couverture).

4 *Lisez de manière expressive un extrait de cette première partie qui vous plaît particulièrement.*

Consignes. Choisissez le passage que vous allez lire (20 à 30 lignes minimum). Adoptez un ton qui convient à l'écriture «plate» d'Annie Ernaux, et veillez à lire à haute et intelligible voix, pour que tous vos camarades vous entendent. Enregistrez-vous sur votre smartphone pour écouter et améliorer votre performance avant de la présenter à la classe.

À vous d'écrire

5 *Imaginez le dialogue entre le grand-père de la narratrice et son père lorsque ce dernier, au retour de son service militaire, a refusé de revenir travailler aux champs.*

Consignes. Chacun des deux personnages avancera ses arguments dans un dialogue d'une trentaine de lignes. Vous veillerez à respecter la présentation du dialogue ainsi que les informations données par le texte sur le caractère des personnages.

6 *À la manière d'Annie Ernaux, dressez le portrait physique et moral de l'un de vos grands-parents.*

Consignes. Votre portrait, d'une trentaine de lignes, commencera par la formule « L'histoire commence… ». Comme Annie Ernaux, vous pourrez évoquer les habitudes quotidiennes du personnage que vous décrirez, et montrer l'influence de l'évolution de la société sur son mode de vie.

Du texte à l'image

Frida Kahlo, *Mes grands-parents, mes parents et moi*, peinture à l'huile et tempera sur métal, 1936.
➡ **Image reproduite en fin d'ouvrage, au verso de la couverture.**

👁 *Lire l'image*

1 Décrivez de manière organisée les différents éléments qui composent le tableau. Quel objet donne du sens à cette composition ? Que symbolise-t-il ?

2 Qui sont les personnages du tableau ? À quel moment de leur vie sont-ils représentés ?

3 🖱 Sur Internet, faites une recherche sur la vie de Frida Kahlo et identifiez les différents lieux représentés dans le tableau.

4 Quels détails du tableau évoquent la maternité et la paternité ?

📄 *Comparer le texte et l'image*

5 En quoi la peinture de Frida Kahlo peut-elle faire écho à la première partie de *La Place* ?

6 Frida Kahlo ancre sa représentation d'elle-même et de sa famille dans des lieux précis : Annie Ernaux partage-t-elle cette démarche ? Justifiez votre réponse.

📝 *À vous de créer*

7 Réalisez l'arbre généalogique de votre famille à partir de la génération de vos grands-parents. Choisissez la technique de votre choix (peinture, montage de photographies...).

8 🖱 Sur Internet, faites une recherche sur l'œuvre de Frida Kahlo. Choisissez parmi ses toiles celle que vous préférez, puis présentez-la oralement à vos camarades en expliquant les raisons de votre choix.

[Suite de la page 28]

L..., à trente kilomètres du Havre, les brouillards y stagnent
l'hiver toute la journée, surtout dans la partie la plus encaissée
de la ville, au long de la rivière, la Vallée. Un ghetto ouvrier
construit autour d'une usine textile, l'une des plus grosses de
la région jusqu'aux années cinquante, appartenant à la famille
Desgenetais, rachetée ensuite par Boussac. Après l'école, les
filles entraient au tissage, une crèche accueillait plus tard leurs
enfants dès six heures du matin. Les trois quarts des hommes y
travaillaient aussi. Au fond de la combe[1], l'unique café-épicerie
de la Vallée. Le plafond était si bas qu'on le touchait à main levée.
Des pièces sombres où il fallait de l'électricité en plein midi, une
minuscule courette avec un cabinet qui se déversait directement
dans la rivière. Ils n'étaient pas indifférents au décor, mais ils
avaient *besoin de vivre*.

Ils ont acheté le fonds[2] à crédit.

Au début, le pays de Cocagne[3]. Des rayons de nourritures et
de boissons, des boîtes de pâté, des paquets de gâteaux. Étonnés
aussi de gagner de l'argent maintenant avec une telle simplicité,
un effort physique si réduit, commander, ranger, peser, le petit

---

1. **Combe**: vallée.
2. **Fonds**: fonds de commerce, c'est-à-dire le magasin, ses marchandises et sa clientèle.
3. **Pays de Cocagne**: pays imaginaire où les richesses abondent.

compte, merci au plaisir. Les premiers jours, au coup de sonnette, ils bondissaient ensemble dans la boutique, multipliaient les
460 questions rituelles « et avec ça ? ». Ils s'amusaient, on les appelait
patron, patronne.

Le doute est venu avec la première femme disant à voix basse,
une fois ses commissions dans le sac, je suis un peu gênée en ce
moment, est-ce que je peux payer samedi. Suivie d'une autre,
465 d'une autre encore. L'ardoise[1] ou le retour à l'usine. L'ardoise
leur a paru la solution la moins pire.

Pour faire face, surtout pas de désirs. Jamais d'apéritifs ou de
bonnes boîtes sauf le dimanche. Obligés d'être en froid avec
les frères et sœurs qu'ils avaient d'abord régalés pour montrer
470 qu'ils avaient les moyens. Peur continuelle de *manger le fonds*.

Ces jours-là, en hiver souvent, j'arrivais essoufflée, affamée,
de l'école. Rien n'était allumé chez nous. Ils étaient tous les
deux dans la cuisine, lui, assis à la table, regardait par la fenêtre,
ma mère debout près de la gazinière. Des épaisseurs de silence
475 me tombaient dessus. Parfois, lui ou elle, « il va falloir vendre ».
Ce n'était plus la peine de commencer mes devoirs. Le monde
allait *ailleurs*, à la Coop, au Familistère[2], n'importe où. Le client
qui poussait alors la porte innocemment paraissait une suprême
dérision[3]. Accueilli comme un chien, il payait pour tous ceux
480 qui ne venaient pas. Le monde nous abandonnait.

---

1. **Ardoise** : objet sur lequel est inscrite la somme due à un commerçant, et qui symbolise
la dette.
2. **Coop, Familistère** : supermarchés.
3. **Dérision** : ici, chose absurde, qui provoque un rire désabusé, amer.

Le café-épicerie de la Vallée ne rapportait pas plus qu'une paye d'ouvrier. Mon père a dû s'embaucher sur un chantier de construction de la basse Seine. Il travaillait dans l'eau avec des grandes bottes. On n'était pas obligé de savoir nager. Ma mère tenait seule le commerce dans la journée.

Mi-commerçant, mi-ouvrier, des deux bords à la fois, voué donc à la solitude et à la méfiance. Il n'était pas syndiqué. Il avait peur des Croix-de-Feu qui défilaient dans L... et des rouges[1] qui lui prendraient son fonds. Il gardait ses idées pour lui. *Il n'en faut pas dans le commerce.*

Ils ont fait leur trou peu à peu, liés à la misère et à peine au-dessus d'elle. Le crédit leur attachait les familles nombreuses ouvrières, les plus démunies. Vivant sur le besoin des autres, mais avec compréhension, refusant rarement de «marquer sur le compte». Ils se sentaient toutefois le *droit de faire la leçon* aux imprévoyants ou de menacer l'enfant que sa mère envoyait exprès aux courses à sa place en fin de semaine, sans argent: «Dis à ta mère qu'elle tâche de me payer, sinon je ne la servirai plus.» Ils ne sont plus ici du bord le plus humilié.

Elle était patronne à part entière, en blouse blanche. Lui gardait son bleu[2] pour servir. Elle ne disait pas comme d'autres femmes «mon mari va me disputer si j'achète ça, si je vais là». Elle lui *faisait la guerre* pour qu'il retourne à la messe, où il avait cessé d'aller au régiment, pour qu'il perde ses *mauvaises manières* (c'est-à-dire de paysan ou d'ouvrier). Il lui laissait le soin des commandes et du chiffre d'affaires. C'était une femme qui pouvait aller partout, autrement dit, franchir les barrières sociales. Il l'admirait, mais il se moquait d'elle quand elle disait «j'ai fait un vent».

---

1. Croix-de-Feu: ligue d'anciens combattants d'extrême-droite; **rouges**: communistes (familier).
2. Bleu: vêtement de travail.

Il est entré aux raffineries de pétrole Standard, dans l'estuaire
de la Seine. Il faisait les quarts[1]. Le jour, il n'arrivait pas à dormir
à cause des clients. Il bouffissait[2], l'odeur de pétrole ne partait
jamais, c'était en lui et elle le nourrissait. Il ne mangeait plus.
Il gagnait beaucoup et il y avait de l'avenir. On promettait aux
ouvriers une cité de toute beauté, avec salle de bains et cabinets
à l'intérieur, un jardin.

Dans la Vallée, les brouillards d'automne persistaient toute la
journée. Aux fortes pluies, la rivière inondait la maison. Pour
venir à bout des rats d'eau, il a acheté une chienne à poil court
qui leur brisait l'échine[3] d'un coup de croc.

« Il y avait plus malheureux que nous. »

36[4], le souvenir d'un rêve, l'étonnement d'un pouvoir qu'il
n'avait pas soupçonné, et la certitude résignée qu'ils ne pouvaient
le conserver.

Le café-épicerie ne fermait jamais. Il passait à servir ses congés
payés. La famille rappliquait toujours, gobergée[5]. Heureux qu'ils
étaient d'offrir au beau-frère chaudronnier ou employé de chemin de fer le spectacle de la profusion[6]. Dans leur dos, ils étaient
traités de riches, l'injure.

Il ne buvait pas. Il cherchait à *tenir sa place*. Paraître plus commerçant qu'ouvrier. Aux raffineries, il est passé contremaître[7].

---

1. **Quarts** : surveillance de nuit.
2. **Bouffissait** : enflait.
3. **Échine** : dos.
4. 1936, année du Front Populaire.
5. **Gobergée** : bien nourrie (familier).
6. **Profusion** : abondance.
7. **Contremaître** : chef d'une équipe d'ouvriers.

J'écris lentement. En m'efforçant de révéler la trame[1] significative d'une vie dans un ensemble de faits et de choix, j'ai l'impression de perdre au fur et à mesure la figure particulière de mon père. L'épure[2] tend à prendre toute la place, l'idée à 535 courir toute seule. Si au contraire je laisse glisser les images du souvenir, je le revois tel qu'il était, son rire, sa démarche, il me conduit par la main à la foire et les manèges me terrifient, tous les signes d'une condition[3] partagée avec d'autres me deviennent indifférents. À chaque fois, je m'arrache du piège de l'individuel.

540 Naturellement, aucun bonheur d'écrire, dans cette entreprise où je me tiens au plus près des mots et des phrases entendues, les soulignant parfois par des italiques. Non pour indiquer un double sens au lecteur et lui offrir le plaisir d'une complicité, que je refuse sous toutes ses formes, nostalgie, pathétique ou dérision. 545 Simplement parce que ces mots et ces phrases disent les limites et la couleur du monde où vécut mon père, où j'ai vécu aussi. Et l'on n'y prenait jamais un mot pour un autre.

La petite fille est rentrée de classe un jour avec mal à la gorge. La fièvre ne baissait pas, c'était la diphtérie[4]. Comme les autres 550 enfants de la Vallée, elle n'était pas vaccinée. Mon père était aux raffineries quand elle est morte. À son retour, on l'a entendu

---

1. Trame: déroulement.
2. Épure: terme de dessin, qui suggère ici que le portrait brossé à grands traits, qui restitue l'essentiel, tend à éclipser les souvenirs réels plus riches en détails.
3. Condition: situation sociale.
4. Diphtérie: maladie grave, très contagieuse, ressemblant à une angine.

hurler depuis le haut de la rue. Hébétude[1] pendant des semaines, des accès de mélancolie ensuite, il restait sans parler, à regarder par la fenêtre, de sa place à table. Il se *frappait* pour un rien. Ma
555 mère racontait en s'essuyant les yeux avec un chiffon sorti de sa blouse, «elle est morte à sept ans, comme une petite sainte».

Une photo prise dans la courette au bord de la rivière. Une chemise blanche aux manches retroussées, un pantalon sans doute en flanelle, les épaules tombantes, les bras légèrement
560 arrondis. L'air mécontent, d'être surpris par l'objectif, peut-être, avant d'avoir pris la position. Il a quarante ans. Rien dans l'image pour rendre compte du malheur passé, ou de l'espérance. Juste les signes clairs du temps, un peu de ventre, les cheveux noirs qui se dégarnissent aux tempes, ceux, plus discrets, de la condition
565 sociale, ces bras décollés du corps, les cabinets et la buanderie qu'un œil petit-bourgeois n'aurait pas choisis comme fond pour la photo.

En 1939 il n'a pas été appelé[2], trop vieux déjà. Les raffineries ont été incendiées par les Allemands et il est parti à bicyclette sur
570 les routes tandis qu'elle profitait d'une place dans une voiture, elle était enceinte de six mois. À Pont-Audemer il a reçu des éclats d'obus au visage et il s'est fait soigner dans la seule pharmacie ouverte. Les bombardements continuaient. Il a retrouvé sa belle-mère et ses belles-sœurs avec leurs enfants et des paquets sur
575 les marches de la basilique[3] de Lisieux, noire de réfugiés ainsi que l'esplanade par-devant. Ils croyaient être protégés. Quand les Allemands les ont rejoints, il est rentré à L... L'épicerie avait été pillée de fond en comble par ceux qui n'avaient pu partir. À

---

1. Hébétude: état de stupeur, absence de réaction.
2. 1939: allusion au déclenchement de la Seconde Guerre mondiale; **appelé**: convoqué pour être envoyé au front.
3. Basilique: église qui constitue un lieu de pèlerinage.

son tour ma mère est revenue et je suis née dans le mois qui a
580 suivi. À l'école, quand on ne comprenait pas un problème, on
nous appelait des enfants de guerre.

Jusqu'au milieu des années cinquante, dans les repas de communion, les réveillons de Noël, l'épopée de cette époque sera
récitée à plusieurs voix, reprise indéfiniment avec toujours les
585 thèmes de la peur, de la faim, du froid pendant l'hiver 1942. *Il
fallait bien vivre malgré tout.* Chaque semaine, mon père rapportait d'un entrepôt, à trente kilomètres de L…, dans une carriole
attachée derrière son vélo, les marchandises que les grossistes ne
livraient plus. Sous les bombardements incessants de 1944, en
590 cette partie de la Normandie, il a continué d'aller au ravitaillement, quémandant[1] des suppléments pour les vieux, les familles
nombreuses, tous ceux qui étaient au-dessous du marché noir[2].
Il fut considéré dans la Vallée comme le héros du ravitaillement.
Non pas choix, mais nécessité. Ultérieurement, certitude d'avoir
595 joué un rôle, d'avoir vécu vraiment en ces années-là.
Le dimanche, ils fermaient le commerce, se promenaient dans
les bois et pique-niquaient avec du flan sans œufs. Il me portait
sur ses épaules en chantant et sifflant. Aux alertes, on se faufilait
sous le billard du café avec la chienne. Sur tout cela ensuite, le
600 sentiment que « c'était la destinée ». À la Libération, il m'a appris
à chanter *La Marseillaise* en ajoutant à la fin « tas de cochons »
pour rimer avec « sillon ». Comme les gens autour, il était très gai.
Quand on entendait un avion, il m'emmenait par la main dans la
rue et me disait de regarder le ciel, l'oiseau : la guerre était finie.

605 Entraîné par l'espérance générale de 1945, il a décidé de quitter
la Vallée. J'étais souvent malade, le médecin voulait m'envoyer

---

1. Quémandant : demandant avec insistance.
2. Étaient au-dessous du marché noir : ne pouvaient pas acheter de nourriture au
marché noir, c'est-à-dire aux personnes qui en vendaient illégalement durant la guerre.

en aérium[1]. Ils ont vendu le fonds pour retourner à Y… dont
le climat venteux, l'absence de toute rivière ou ruisseau leur
paraissaient bons pour la santé. Le camion de déménagement, à
610 l'avant duquel nous étions installés, est arrivé dans Y… au milieu
de la foire d'octobre. La ville avait été brûlée par les Allemands,
les baraques et les manèges s'élevaient entre les décombres. Pendant trois mois, ils ont vécu dans un deux-pièces meublé sans
électricité, au sol de terre battue, prêté par un membre de la
615 famille. Aucun commerce correspondant à leurs moyens n'était
à vendre. Il s'est fait embaucher par la ville au remblaiement des
trous de bombe. Le soir, elle disait en se tenant à la barre pour
les torchons qui fait le tour des vieilles cuisinières : « Quelle position[2]. » Il ne répondait jamais. L'après-midi, elle me promenait
620 dans toute la ville. Le centre seul avait été détruit, les magasins
s'étaient installés dans des maisons particulières. Mesure de la
privation, une image : un jour, il fait déjà noir, à l'étalage d'une
petite fenêtre, la seule éclairée dans la rue, brillent des bonbons
roses, ovales, poudrés de blanc, dans des sachets de cellophane.
625 On n'y avait pas droit, il fallait des tickets[3].

Ils ont trouvé un fonds de café-épicerie-bois-charbons dans
un quartier décentré, à mi-chemin de la gare et de l'hospice.
C'est là qu'autrefois ma mère petite fille allait aux commissions.
Une maison paysanne, modifiée par l'ajout d'une construction
630 en brique rouge à un bout, avec une grande cour, un jardin et
une demi-douzaine de bâtiments servant d'entrepôts. Au rez-
de-chaussée, l'alimentation communiquait avec le café par une

---

1. Aérium : maison de repos dans un lieu où l'air est sain.
2. Quelle position : quelle situation.
3. Tickets : allusion aux tickets de rationnement, distribués de 1941 à 1949 afin de
réglementer l'accès aux produits de première nécessité, en raison de la pénurie alimentaire
causée par la guerre.

pièce minuscule où débouchait l'escalier pour les chambres et
le grenier. Bien qu'elle soit devenue la cuisine, les clients ont
635 toujours utilisé cette pièce comme passage entre l'épicerie et le
café. Sur les marches de l'escalier, au bord des chambres, étaient
stockés les produits redoutant l'humidité, café, sucre. Au rez-
de-chaussée, il n'y avait aucun endroit personnel. Les cabinets
étaient dans la cour. On vivait enfin *au bon air*.
640 La vie d'ouvrier de mon père s'arrête ici.

Il y avait plusieurs cafés proches du sien, mais pas d'autre alimentation dans un large rayon. Longtemps le centre est resté
en ruine, les belles épiceries d'avant-guerre campaient dans des
baraquements jaunes. Personne pour leur *faire du tort*. (Cette
645 expression, comme beaucoup d'autres, est inséparable de mon
enfance, c'est par un effort de réflexion que j'arrive à la dépouiller
de la menace qu'elle contenait alors.) La population du quartier,
moins uniformément ouvrière qu'à L..., se composait d'artisans,
d'employés du gaz, ou d'usines moyennes, de retraités du type
650 «économiquement faibles». Davantage de distances entre les
gens. Des pavillons en meulière[1] isolés par des grilles côtoyant des
pâtés de cinq ou six habitations sans étage avec cour commune.
Partout des jardinets de légumes.

Un café d'habitués, buveurs réguliers d'avant ou d'après le
655 travail, dont la place est sacrée, équipes de chantiers, quelques
clients qui auraient pu, avec leur *situation*, choisir un établissement moins populaire, un officier de marine en retraite, un
contrôleur de la sécurité sociale, des gens *pas fiers* donc. Clientèle
du dimanche, différente, familles entières pour l'apéro, grena-
660 dine aux enfants, vers onze heures. L'après-midi, les vieux de

---

1. Meulière: pierre utilisée pour la construction des maisons.

l'hospice libérés jusqu'à six heures, gais et bruyants, poussant la romance[1]. Parfois, il fallait leur faire cuver rincettes et surincettes[2] dans un bâtiment de la cour, sur une couverture, avant de les renvoyer présentables aux bonnes sœurs. Le café du dimanche leur servait de famille. Conscience de mon père d'avoir une fonction sociale nécessaire, d'offrir un lieu de fête et de liberté à tous ceux dont il disait « ils n'ont pas toujours été comme ça » sans pouvoir expliquer clairement pourquoi ils étaient devenus comme ça. Mais évidemment un « assommoir[3] » pour ceux qui n'y auraient jamais mis les pieds. À la sortie de la fabrique voisine de sous-vêtements, les filles venaient arroser les anniversaires, les mariages, les départs. Elles prenaient dans l'épicerie des paquets de boudoirs, qu'elles trempaient dans le mousseux, et elles éclataient en bouquets de rires, pliées en deux au-dessus de la table.

Voie étroite, en écrivant, entre la réhabilitation[4] d'un mode de vie considéré comme inférieur, et la dénonciation de l'aliénation[5] qui l'accompagne. Parce que ces façons de vivre étaient à nous, un bonheur même, mais aussi les barrières humiliantes de notre condition (conscience que « ce n'est pas assez bien chez nous »), je voudrais dire à la fois le bonheur et l'aliénation. Impression, bien plutôt, de tanguer d'un bord à l'autre de cette contradiction.

---

1. **Poussant la romance** : entonnant des chansons d'amour.
2. **Cuver rincettes et surincettes** : dormir après s'être saoulé (familier).
3. **Assommoir** : débit de boisson où l'on consomme beaucoup d'alcool.
4. **Réhabilitation** : fait de revaloriser quelque chose, d'en rétablir une image positive.
5. **Aliénation** : asservissement.

Alentour de la cinquantaine, encore la force de l'âge, la tête très droite, l'air soucieux, comme s'il craignait que la photo ne soit ratée, il porte un ensemble, pantalon foncé, veste claire sur une 685 chemise et une cravate. Photo prise un dimanche, en semaine, il était en bleus. De toute façon, on prenait les photos le dimanche, plus de temps, et l'on était mieux habillé. Je figure à côté de lui, en robe à volants, les deux bras tendus sur le guidon de mon premier vélo, un pied à terre. Il a une main ballante, l'autre à 690 sa ceinture. En fond, la porte ouverte du café, les fleurs sur le bord de la fenêtre, au-dessus de celle-ci la plaque de licence des débits de boisson[1]. On se fait photographier avec ce qu'on est fier de posséder, le commerce, le vélo, plus tard la 4 CV, sur le toit de laquelle il appuie une main, faisant par ce geste remonter 695 exagérément son veston. Il ne rit sur aucune photo.

Par rapport aux années de jeunesse, les trois-huit[2] des raffineries, les rats de la Vallée, l'évidence du bonheur.

On avait tout *ce qu'il faut*, c'est-à-dire qu'on mangeait à notre faim (preuve, l'achat de viande à la boucherie quatre fois par 700 semaine), on avait chaud dans la cuisine et le café, seules pièces où l'on vivait. Deux tenues, l'une pour le tous-les-jours, l'autre pour le dimanche (la première usée, on *dépassait*[3] celle du dimanche au tous-les-jours). J'avais *deux* blouses d'école. *La gosse n'est privée de rien.* Au pensionnat, on ne pouvait pas dire que j'avais *moins* 705 *bien que les autres*, j'avais *autant* que les filles de cultivateurs ou de pharmacien en poupées, gommes et taille-crayons, chaussures d'hiver fourrées, chapelet et missel vespéral romain[4].

---

1. Licence des débits de boisson: autorisation de servir de l'alcool, affichée dans les cafés.
2. Trois-huit: organisation de la journée de travail des ouvriers en trois fois huit heures.
3. Dépassait: passait.
4. Missel vespéral romain: livre de prière catholique.

Ils ont pu embellir la maison, supprimant ce qui rappelait l'ancien temps, les poutres apparentes, la cheminée, les tables en
710 bois et les chaises de paille. Avec son papier à fleurs, son comptoir peint et brillant, les tables et guéridons en simili-marbre[1], le café est devenu propre et gai. Du balatum[2] à grands damiers jaunes et bruns a recouvert le parquet des chambres. La seule contrariété longtemps, la façade en colombage[3], à raies blanches et noires,
715 dont le ravalement en crépi était au-dessus de leurs moyens. En passant, l'une de mes institutrices a dit une fois que la maison était jolie, une vraie maison normande. Mon père a cru qu'elle parlait ainsi par politesse. Ceux qui admiraient nos vieilles choses, la pompe à eau dans la cour, le colombage normand, voulaient
720 sûrement nous empêcher de posséder ce qu'ils possédaient déjà, eux, de moderne, l'eau sur l'évier et un pavillon blanc.

Il a emprunté pour devenir propriétaire des murs et du terrain. Personne dans la famille ne l'avait jamais été.

Sous le bonheur, la crispation de l'aisance gagnée à l'arraché[4].
725 *Je n'ai pas quatre bras. Même pas une minute pour aller au petit endroit. La grippe, moi, je la fais en marchant.* Etc. Chant quotidien.
Comment décrire la vision d'un monde où tout *coûte cher*. Il y a l'odeur de linge frais d'un matin d'octobre, la dernière chanson du poste qui bruit dans la tête. Soudain, ma robe s'accroche par
730 la poche à la poignée du vélo, se déchire. Le drame, les cris, la journée est finie. «Cette gosse ne *compte* rien!»

---

1. Simili-marbre: faux marbre.
2. Balatum: revêtement de sol.
3. Colombage: mode de construction utilisé durant le Moyen Âge et à la Renaissance, et qui laisse apparaître les poutres sur la façade.
4. À l'arraché: durement, difficilement.

Sacralisation[1] obligée des choses. Et sous toutes les paroles, des uns et des autres, les miennes, soupçonner des envies et des comparaisons. Quand je disais, «il y a une fille qui a visité les châteaux de la Loire», aussitôt, fâchés, «Tu as bien le temps d'y aller. Sois heureuse avec ce que tu as». Un manque continuel, sans fond.

Mais désirer pour désirer, car ne pas savoir au fond ce qui est beau, ce qu'il faudrait aimer. Mon père s'en est toujours remis aux conseils du peintre, du menuisier, pour les couleurs et les formes, *ce qui se fait*. Ignorer jusqu'à l'idée qu'on puisse s'entourer d'objets choisis un par un. Dans leur chambre, aucune décoration, juste des photos encadrées, des napperons fabriqués pour la fête des mères, et sur la cheminée, un grand buste d'enfant en céramique, que le marchand de meubles avait joint en prime pour l'achat d'un cosy-corner[2].

Leitmotiv[3], *il ne faut pas péter plus haut qu'on l'a*.

La peur d'être *déplacé*, d'avoir honte. Un jour, il est monté par erreur en première avec un billet de seconde. Le contrôleur lui a fait payer le supplément. Autre souvenir de honte : chez le notaire, il a dû écrire le premier «lu et approuvé», il ne savait pas comment orthographier, il a choisi «à prouver». Gêne, obsession de cette faute, sur la route du retour. L'ombre de l'indignité.

Dans les films comiques de cette époque, on voyait beaucoup de héros naïfs et paysans se comporter de travers à la ville ou dans les milieux mondains (rôles de Bourvil[4]). On riait aux larmes des bêtises qu'ils disaient, des impairs[5] qu'ils osaient commettre, et qui figuraient ceux qu'on craignait de commettre soi-même. Une fois, j'ai lu que Bécassine[6] en apprentissage, ayant à broder un

---

1. **Sacralisation** : grande importance accordée à quelque chose.
2. **Cosy-corner** : meuble constitué d'un divan et d'une étagère.
3. **Leitmotiv** : formule répétée sans cesse.
4. **Bourvil** (1917-1970) : acteur comique français.
5. **Impairs** : maladresses.
6. **Bécassine** : personnage de bande dessinée qui symbolise la provinciale naïve.

oiseau sur un bavoir, et sur les autres *idem*[1], broda *idem* au point
760 de bourdon. Je n'étais pas sûre que je n'aurais pas brodé *idem*.

Devant les personnes qu'il jugeait importantes, il avait une
raideur timide, ne posant jamais aucune question. Bref, se com-
portant avec intelligence. Celle-ci consistait à percevoir notre
infériorité et à la refuser en la cachant du mieux possible. Toute
765 une soirée à nous demander ce que la directrice avait bien pu
vouloir dire par : «Pour ce rôle, votre petite fille sera en *costume
de ville.*» Honte d'ignorer ce qu'on aurait forcément su si nous
n'avions pas été ce que nous étions, c'est-à-dire inférieurs.

Obsession : « *Qu'est-ce qu'on va penser de nous ?*» (les voisins, les
770 clients, tout le monde).

Règle : déjouer[2] constamment le regard critique des autres,
par la politesse, l'absence d'opinion, une attention minutieuse
aux humeurs qui risquent de vous atteindre. Il ne regardait pas
les légumes d'un jardin que le propriétaire était en train de
775 bêcher, à moins d'y être convié par un signe, sourire ou petit mot.
Jamais de visite, même à un malade en clinique, sans être invité.
Aucune question où se dévoileraient une curiosité, une envie
qui donnent barre à l'interlocuteur[3] sur nous. Phrase interdite :
«Combien vous avez payé ça ?»

780 Je dis souvent «nous» maintenant, parce que j'ai longtemps
pensé de cette façon et je ne sais pas quand j'ai cessé de le faire.

---

1. Idem : expression empruntée au latin et qui signifie «la même chose».
2. Déjouer : éviter.
3. Donnent barre à l'interlocuteur : placent en position de force, de supériorité.

Le patois[1] avait été l'unique langue de mes grands-parents.

Il se trouve des gens pour apprécier le «pittoresque[2] du patois» et du français populaire. Ainsi Proust relevait avec ravissement les incorrections et les mots anciens de Françoise. Seule l'esthétique[3] lui importe parce que Françoise est sa bonne et non sa mère. Que lui-même n'a jamais senti ces tournures lui venir aux lèvres spontanément.

Pour mon père, le patois était quelque chose de vieux et de laid, un signe d'infériorité. Il était fier d'avoir pu s'en débarrasser en partie, même si son français n'était pas bon, c'était du français. Aux kermesses d'Y…, des forts en bagout[4], costumés à la normande, faisaient des sketches en patois, le public riait. Le journal local avait une chronique normande pour amuser les lecteurs. Quand le médecin ou n'importe qui de *haut placé* glissait une expression cauchoise[5] dans la conversation comme «elle pète par la sente» au lieu de «elle va bien», mon père répétait la phrase du docteur à ma mère avec satisfaction, heureux de croire que ces gens-là, pourtant si chics, avaient encore quelque chose de commun avec nous, une petite infériorité. Il était persuadé que cela leur avait échappé. Car il lui a toujours paru impossible que l'on puisse parler «bien» naturellement. Toubib ou curé, il fallait se forcer, s'écouter, quitte chez soi à se laisser aller.

Bavard au café, en famille, devant les gens qui parlaient bien il se taisait, ou il s'arrêtait au milieu d'une phrase, disant «n'est-ce pas» ou simplement «pas» avec un geste de la main pour inviter la personne à comprendre et à poursuivre à sa place. Toujours parler avec précaution, peur indicible[6] du mot de travers, d'aussi mauvais effet que de lâcher un pet.

---

1. Patois: langue régionale.
2. Pittoresque: qui frappe par son originalité, son aspect typique.
3. Esthétique: jugement porté à propos de la beauté d'une chose.
4. Bagout: facilité à prendre la parole (familier).
5. Cauchoise: du pays de Caux, en Normandie, et donc en patois.
6. Indicible: qu'on ne peut exprimer par des mots.

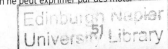

51

810   Mais il détestait aussi les grandes phrases et les expressions nouvelles qui ne «voulaient rien dire». Tout le monde à un moment disait: «sûrement pas» à tout bout de champ, il ne comprenait pas qu'on dise deux mots se contredisant. À l'inverse de ma mère, soucieuse de faire évoluée, qui osait expérimenter, avec 815 un rien d'incertitude, ce qu'elle venait d'entendre ou de lire, il se refusait à employer un vocabulaire qui n'était pas le sien.

    Enfant, quand je m'efforçais de m'exprimer dans un langage châtié[1], j'avais l'impression de me jeter dans le vide.

    Une de mes frayeurs imaginaires, avoir un père instituteur qui 820 m'aurait obligée à bien parler sans arrêt, en détachant les mots. On parlait avec toute la bouche.

    Puisque la maîtresse me «reprenait», plus tard j'ai voulu reprendre mon père, lui annoncer que «se parterrer» ou «quart moins d'onze heures» n'*existaient pas*. Il est entré dans une violente 825 colère. Une autre fois: «Comment voulez-vous que je ne me fasse pas reprendre, si vous parlez mal tout le temps!» Je pleurais. Il était malheureux. Tout ce qui touche au langage est dans mon souvenir motif de rancœur et de chicanes[2] douloureuses, bien plus que l'argent.

830   Il était gai.

    Il blaguait avec les clientes qui aimaient à rire. Grivoiseries à mots couverts. Scatologie[3]. L'ironie, inconnue. Au poste[4], il prenait les émissions de chansonniers, les jeux. Toujours prêt à

---

1. Châtié: élaboré.
2. Chicanes: disputes sans gravité.
3. Grivoiseries: plaisanteries contenant des allusions sexuelles; **scatologie**: propos grossiers en rapport avec les excréments.
4. Au poste: à la radio.

m'emmener au cirque, aux films *bêtes*, au feu d'artifice. À la foire,
835 on montait dans le train fantôme, l'Himalaya, on entrait voir la
femme la plus grosse du monde et le Lilliputien[1].

Il n'a jamais mis les pieds dans un musée. Il s'arrêtait devant
un beau jardin, des arbres en fleur, une ruche, regardait les filles
bien en chair. Il admirait les constructions immenses, les grands
840 travaux modernes (le pont de Tancarville). Il aimait la musique de
cirque, les promenades en voiture dans la campagne, c'est-à-dire
qu'en parcourant des yeux les champs, les hêtrées[2], en écoutant
l'orchestre de Bouglione, il paraissait heureux. L'émotion qu'on
éprouve en entendant un air, devant des paysages, n'était pas
845 un sujet de conversation. Quand j'ai commencé à fréquenter la
petite-bourgeoisie d'Y..., on me demandait d'abord mes goûts,
le jazz ou la musique classique, Tati ou René Clair[3], cela suffisait
à me faire comprendre que j'étais passée dans un autre monde.

Un été, il m'a emmenée trois jours dans la famille, au bord
850 de la mer. Il marchait pieds nus dans des sandales, s'arrêtait à
l'entrée des blockhaus[4], buvait des demis à la terrasse des cafés
et moi des sodas. Pour ma tante, il a tué un poulet qu'il tenait
entre ses jambes, en lui enfonçant des ciseaux dans le bec, le sang
gras dégouttait sur la terre du cellier. Ils restaient tous à table
855 jusqu'au milieu de l'après-midi, à évoquer la guerre, les parents,
à se passer des photos autour des tasses vides. « *On prendra bien
le temps de mourir, marchez !* »

Peut-être une tendance profonde à ne pas s'en faire, malgré tout.
Il s'inventa des occupations qui l'éloignaient du commerce. Un

---

1. Lilliputien : dans le roman de Jonathan Swift (1667-1745) *Les Voyages de Gulliver*,
minuscule habitant de l'île imaginaire de Lilliput ; par extension, homme de très petite
taille.
2. Hêtrées : lieux plantés de hêtres, de grands arbres.
3. Jacques Tati (1907-1982), **René Clair** (1898-1981) : réalisateurs français.
4. Blockhaus : abris fortifiés construits par l'armée allemande pendant la Seconde
Guerre mondiale, notamment le long du littoral français.

860 élevage de poules et de lapins, la construction de dépendances[1], d'un garage. La disposition de la cour s'est modifiée souvent au gré de ses désirs, les cabinets et le poulailler ont déménagé trois fois. Toujours l'envie de démolir et de reconstruire.

Ma mère : «C'est un homme de la campagne, que voulez-vous.»

865 Il reconnaissait les oiseaux à leur chant et regardait le ciel chaque soir pour savoir le temps qu'il ferait, froid et sec s'il était rouge, pluie et vent quand la lune était dans l'eau, c'est-à-dire immergée dans les nuages. Tous les après-midi il filait à son jardin, toujours net. Avoir un jardin sale, aux légumes mal soignés indiquait un 870 laisser-aller de mauvais aloi[2], comme se négliger sur sa personne ou trop boire. C'était perdre la notion du temps, celui où les espèces doivent se mettre en terre, le souci de ce que penseraient les autres. Parfois des ivrognes notoires[3] se rachetaient par un beau jardin cultivé entre deux cuites. Quand mon père n'avait 875 pas réussi des poireaux ou n'importe quoi d'autre, il y avait du désespoir en lui. À la tombée du jour, il vidait le seau de nuit dans la dernière rangée ouverte par la bêche, furieux s'il découvrait, en le déversant, des vieux bas et des stylos bille que j'y avais jetés, par paresse de descendre à la poubelle.

880 Pour manger, il ne se servait que de son Opinel[4]. Il coupait le pain en petits cubes, déposés près de son assiette pour y piquer

---

1. Dépendances : petits bâtiments construits sur le terrain de la maison principale.
2. De mauvais aloi : donnant une mauvaise image.
3. Notoires : connus comme tels.
4. Opinel : couteau de poche.

des bouts de fromage, de charcuterie, et saucer. Me voir laisser de la nourriture dans l'assiette lui faisait deuil[1]. On aurait pu ranger la sienne sans la laver. Le repas fini, il essuyait son cou-
885 teau contre son bleu. S'il avait mangé du hareng, il l'enfouissait dans la terre pour lui enlever l'odeur. Jusqu'à la fin des années cinquante, il a mangé de la soupe le matin, après il s'est mis au café au lait, avec réticence, comme s'il sacrifiait à une délicatesse féminine. Il le buvait cuillère par cuillère, en aspirant, comme
890 de la soupe. À cinq heures, il se faisait sa collation, des œufs, des radis, des pommes cuites et se contentait le soir d'un potage. La mayonnaise, les sauces compliquées, les gâteaux, le dégoûtaient.

Il dormait toujours avec sa chemise et son tricot de corps. Pour se raser, trois fois par semaine, dans l'évier de la cuisine
895 surmonté d'une glace, il déboutonnait son col, je voyais sa peau très blanche à partir du cou. Les salles de bains, signe de richesse, commençaient à se répandre après la guerre, ma mère a fait installer un cabinet de toilette à l'étage, il ne s'en est jamais servi, continuant de se débarbouiller dans la cuisine.
900 Dans la cour, l'hiver, il crachait et il éternuait avec plaisir.

Ce portrait, j'aurais pu le faire autrefois, en rédaction, à l'école, si la description de ce que je connaissais n'avait pas été interdite. Un jour, une fille, en classe de CM2, a fait s'envoler son cahier par un splendide atchoum. La maîtresse au tableau s'est retournée :
905 « Distingué, vraiment ! »

---

1. **Lui faisait deuil** : la désolait, lui causait une grande tristesse.

Personne à Y..., dans les classes moyennes, commerçants du centre, employés de bureau, ne veut avoir l'air de «sortir de sa campagne». Faire paysan signifie qu'on n'est pas évolué, toujours en retard sur ce qui se fait, en vêtements, langage, allure.
910 Anecdote qui plaisait beaucoup: un paysan, en visite chez son fils à la ville, s'assoit devant la machine à laver qui tourne, et reste là, pensif, à fixer le linge brassé derrière le hublot. À la fin, il se lève, hoche la tête et dit à sa belle-fille: «On dira ce qu'on voudra, la télévision c'est pas au point.»
915 Mais à Y..., on regardait moins les manières des gros cultivateurs qui débarquaient au marché dans des Vedette, puis des DS, maintenant des CX[1]. Le pire, c'était d'avoir les gestes et l'allure d'un paysan sans l'être.

Lui et ma mère s'adressaient continuellement la parole sur
920 un ton de reproche, jusque dans le souci qu'ils avaient l'un de l'autre. «Mets ton cache-nez pour dehors!» ou «Reste donc assise un peu!», on aurait dit des injures. Ils chicanaient sans cesse pour savoir qui avait perdu la facture du limonadier, oublié d'éteindre dans la cave. Elle criait plus haut que lui parce que
925 tout lui *tapait sur le système*, la livraison en retard, le casque trop chaud du coiffeur, les règles et les clients. Parfois: «Tu n'étais pas fait pour être commerçant» (comprendre: tu aurais dû rester ouvrier). Sous l'insulte, sortant de son calme habituel: «Carne[2]! J'aurais mieux fait de te laisser où tu étais.» Échange hebdoma-
930 daire: Zéro! – Cinglée!
Triste individu! – Vieille garce!
Etc. Sans aucune importance.

---

1. **Vedette, DS, CX**: noms de grosses voitures.
2. **Carne**: insulte.

On ne savait pas se parler entre nous autrement que d'une manière râleuse. Le ton poli réservé aux étrangers. Habitude si 935 forte que, tâchant de s'exprimer comme il faut en compagnie de gens, mon père retrouvait pour m'interdire de grimper au tas de cailloux un ton brusque, son accent et des invectives [1] normandes, détruisant le bon effet qu'il voulait donner. Il n'avait pas appris à me gronder en distingué et je n'aurais pas cru à la 940 menace d'une gifle proférée sous une forme correcte.

La politesse entre parents et enfants m'est demeurée longtemps un mystère. J'ai mis aussi des années à «comprendre» l'extrême gentillesse que des personnes bien éduquées manifestent dans leur simple bonjour. J'avais honte, je ne méritais pas tant d'égards, 945 j'allais jusqu'à imaginer une sympathie particulière à mon endroit. Puis je me suis aperçue que ces questions posées avec l'air d'un intérêt pressant, ces sourires, n'avaient pas plus de sens que de manger bouche fermée ou de se moucher discrètement.

Le déchiffrement de ces détails s'impose à moi maintenant, 950 avec d'autant plus de nécessité que je les ai refoulés [2], sûre de leur insignifiance. Seule une mémoire humiliée avait pu me les faire conserver. Je me suis pliée au désir du monde où je vis, qui s'efforce de vous faire oublier les souvenirs du monde d'en bas comme si c'était quelque chose de mauvais goût.

955 Quand je faisais mes devoirs sur la table de la cuisine, le soir, il feuilletait mes livres, surtout l'histoire, la géographie, les sciences. Il aimait que je lui pose des colles [3]. Un jour, il a exigé que je lui

---

1. **Invectives**: paroles violentes et injurieuses.
2. **Refoulés**: rejetés, pour ne pas avoir à se les rappeler.
3. **Colles**: questions difficiles.

fasse faire une dictée, pour me prouver qu'il avait une bonne orthographe. Il ne savait jamais dans quelle classe j'étais, il disait, 960 «Elle est chez mademoiselle Untel». L'école, une institution religieuse voulue par ma mère, était pour lui un univers terrible qui, comme l'île de Laputa dans *Les Voyages de Gulliver*, flottait au-dessus de moi pour diriger mes manières, tous mes gestes: «C'est du beau! Si la maîtresse te voyait!» ou encore: «J'irai voir 965 ta maîtresse, elle te fera obéir!»

Il disait toujours *ton* école et il prononçait le pen-sion-nat, la chère Sœu-œur (nom de la directrice), en détachant, du bout des lèvres, dans une déférence affectée[1], comme si la prononciation normale de ces mots supposait, avec le lieu fermé qu'ils évoquent, 970 une familiarité qu'il ne se sentait pas en droit de revendiquer. Il refusait d'aller aux fêtes de l'école, même quand je jouais un rôle. Ma mère s'indignait, «*il n'y a pas de raison pour que tu n'y ailles pas*». Lui, «mais tu sais bien que je vais jamais à *tout ça*».

Souvent, sérieux, presque tragique: «Écoute bien à ton école!» 975 Peur que cette faveur étrange du destin, mes bonnes notes, ne cesse d'un seul coup. Chaque composition[2] réussie, plus tard chaque examen, autant de *pris*, l'espérance que je serais *mieux que lui*.

À quel moment ce rêve a-t-il remplacé son propre rêve, avoué une fois, tenir un beau café au cœur de la ville, avec une terrasse, 980 des clients de passage, une machine à café sur le comptoir. Manque de fonds, crainte de se lancer encore, résignation. *Que voulez-vous.*

Il ne sortira plus du monde coupé en deux du petit commerçant. D'un côté les bons, ceux qui se servent chez lui, de l'autre, les

---

1. Déférence affectée: marques de respect qui manquent de naturel.
2. Composition: contrôle scolaire.

méchants, les plus nombreux, qui vont ailleurs, dans les maga-
985 sins du centre reconstruits. À ceux-là joindre le gouvernement
soupçonné de vouloir notre mort en favorisant les *gros*[1]. Même
dans les bons clients, une ligne de partage, les bons, qui prennent
toutes leurs commissions à la boutique, les mauvais, venant nous
faire injure en achetant le litre d'huile qu'ils ont oublié de rap-
990 porter d'en ville. Et des bons, encore se méfier, toujours prêts
aux infidélités, persuadés qu'on les vole. Le monde entier ligué.
Haine et servilité[2], haine de sa servilité. Au fond de lui, l'espérance de tout commerçant, être seul dans une ville à vendre sa
marchandise. On allait chercher le pain à un kilomètre de la
995 maison parce que le boulanger d'à côté ne nous achetait rien.

Il a voté Poujade[3], comme un bon tour à jouer, sans conviction,
et trop «grande gueule» pour lui.

Mais il n'était pas *malheureux*. La salle de café toujours tiède,
la radio en fond, le défilé des habitués de sept heures du matin
1000 à neuf heures du soir, avec les mots d'entrée rituels, comme
les réponses. «Bonjour tout le monde – Bonjour tout seul.»
Conversations, la pluie, les maladies, les morts, l'embauche, la
sécheresse. Constatation des choses, chant alterné de l'évidence,
avec, pour égayer, les plaisanteries rodées, *c'est le tort chez moi, à*
1005 *demain chef, à deux pieds.* Cendrier vidé, coup de lavette à la table,
de torchon à la chaise.

Entre deux, prendre la place de ma mère à l'épicerie, sans
plaisir, préférant la vie du café, ou peut-être ne préférant rien,
que le jardinage et la construction de bâtiments à sa guise. Le
1010 parfum des troènes[4] en fleur à la fin du printemps, les aboie-
ments clairs des chiens en novembre, les trains qu'on entend,

---

1. Les gros: dans l'esprit du père, probablement les riches, et les supermarchés.
2. Servilité: soumission, obéissance.
3. Pierre Poujade (1920-2003): homme politique français aux idées populistes, qui a
fondé dans les années 1950 un mouvement de défense des commerçants.
4. Troènes: arbustes souvent plantés en haies.

signe de froid, oui, sans doute, tout ce qui fait dire au monde qui dirige, domine, écrit dans les journaux, «ces gens-là sont *tout de même* heureux».

1015 Le dimanche, lavage du corps, un bout de messe, parties de dominos ou promenade en voiture l'après-midi. Lundi, sortir la poubelle, mercredi le voyageur des spiritueux[1], jeudi, de l'alimentation, etc. L'été, ils fermaient le commerce un jour entier pour aller chez des amis, un employé du chemin de fer, et un autre

1020 jour ils se rendaient en pèlerinage à Lisieux. Le matin, visite du Carmel, du diorama[2], de la basilique, restaurant. L'après-midi, les Buissonnets et Trouville-Deauville[3]. Il se trempait les pieds, jambes de pantalon relevées, avec ma mère qui remontait un peu ses jupes. Ils ont cessé de le faire parce que ce n'était plus

1025 à la mode.

Chaque dimanche, manger quelque chose de bon.

La même vie désormais, pour lui. Mais la certitude qu'*on ne peut pas être plus heureux qu'on est*.

Ce dimanche-là, il avait fait la sieste. Il passe devant la lucarne

1030 du grenier. Tient à la main un livre qu'il va remettre dans une caisse laissée en dépôt chez nous par l'officier de marine. Un petit rire en m'apercevant dans la cour. C'est un livre obscène[4].

---

1. **Voyageur des spiritueux** : représentant de commerce vendant des alcools forts.
2. **Carmel** : lieu de prière dédié à sainte Thérèse de Lisieux ; **diorama** : musée de cire de Lisieux.
3. **Les Buissonnets** : nom de la maison d'enfance de sainte Thérèse de Lisieux, devenue lieu de pèlerinage ; **Trouville-Deauville** : stations balnéaires de la côte normande.
4. **Obscène** : pornographique.

Un quiz pour commencer

Cochez les bonnes réponses.

1 *Pourquoi le café-épicerie ne rapporte-t-il pas autant d'argent que prévu ?*

◻ Les clients préfèrent aller dans d'autres établissements.

◻ Les clients achètent à crédit.

◻ Les membres de la famille viennent faire leurs courses et consommer des boissons gratuitement.

2 *Que font les parents de la narratrice pour résoudre leurs difficultés financières ?*

◻ Sa mère fait des travaux de ménage et de couture.

◻ Son père s'engage sur un chantier de construction.

◻ Ils prennent un logement plus petit et moins onéreux.

3 *Que fait le père de la narratrice pendant la Seconde Guerre mondiale ?*

- ❏ Il cache des Juifs.
- ❏ Il fait du marché noir.
- ❏ Il se charge du ravitaillement pour les habitants de la Vallée.

4 *Pourquoi les parents de la narratrice achètent-ils un nouveau café-épicerie à Y... ?*

- ❏ Parce que le précédent était trop petit.
- ❏ Parce que le climat y est moins humide.
- ❏ Parce qu'il s'agit d'une bonne affaire.

5 *De quoi le père a-t-il peur lorsque leur situation s'améliore ?*

- ❏ De susciter la jalousie des voisins.
- ❏ D'avoir des dettes.
- ❏ D'avoir honte.

6 *Quel signe matériel montre que la vie des parents s'est améliorée ?*

- ❏ Ils mangent de la viande tous les jours.
- ❏ Ils achètent une maison de vacances.
- ❏ Ils acquièrent une 4 CV.

7 *À quel sujet le fossé se creuse-t-il entre la narratrice et son père ?*

- ❏ La tenue vestimentaire.
- ❏ Les fréquentations.
- ❏ Le langage.

8 *Que souhaite le père de la narratrice pour sa fille ?*

- ❏ Qu'elle reprenne le café.
- ❏ Qu'elle ait une vie meilleure que la sienne.
- ❏ Qu'elle épouse un ouvrier.

Des questions pour aller plus loin

> **→ Comprendre le récit d'une ascension sociale difficile**

Les étapes d'une ascension sociale

1 Aux lignes 454 à 466 (p. 37-38), comment est souligné le contraste entre les espoirs des débuts au café et la déception qui a suivi ? Appuyez-vous notamment sur les champs lexicaux pour répondre.

2 Recopiez et complétez le tableau suivant afin de retracer les différentes étapes de l'ascension sociale de la famille.

Lieu et époque	Café tenu par les parents	Second métier exercé par le père	Citations marquant l'évolution de la vie et de la condition sociale
À L..., années 1930			
À Y..., début des années 1950			
À Y...			

3 Relevez les détails qui montrent l'amélioration de la vie quotidienne et l'accession à la classe moyenne.

4 Pourquoi les parents cherchent-ils à faire disparaître ce qui leur rappelle «l'ancien temps» (p. 48, l. 709) ? Que révèle l'anecdote de l'institutrice (p. 48) ?

Les marques du « monde d'en bas »

5 Quelles habitudes et quels goûts trahissent l'origine populaire du père ?

6 Relevez une anecdote qui révèle la naïveté du père, et une anecdote montrant qu'il a une perception caricaturale du monde.

7 Montrez que, paradoxalement, l'accession à un confort financier et matériel s'accompagne pour les parents d'un inconfort moral, d'un malaise qui les empêche de profiter de leur existence.

8 Quelles anecdotes et quelles expressions révèlent le regard négatif et méprisant porté par l'ensemble de la société sur les paysans et les ouvriers ?

Zoom sur le langage, un révélateur de l'origine sociale (p. 51-52, l. 782-829)

9 Que pense le père de la narratrice du patois ? Que symbolise-t-il pour lui ?

10 Montrez que le langage représente pour le père quelque chose de complexe, qui nécessite des efforts et qui finalement lui échappe. Appuyez votre réponse sur quelques citations.

11 Le père de la narratrice est-il le seul à ne pas maîtriser parfaitement le langage ? Citez un exemple qui le prouve.

12 Pourquoi le langage provoque-t-il une crispation des relations entre le père et la fille ?

Un récit difficile à mener

13 Énumérez les obstacles rencontrés par la narratrice pour brosser le portrait de son père (p. 41).

14 Comment la narratrice justifie-t-elle l'emploi des italiques ?

15 Quels sentiments contradictoires la narratrice éprouve-t-elle par rapport au mode de vie qu'elle décrit (p. 46) ? Quelles en sont les conséquences sur l'écriture de son récit ?

✔ *Rappelez-vous !*

La narratrice raconte comment son père a conquis sa place dans la société, d'où le titre du récit. L'**ascension sociale** du père n'a pas été aisée, et les traces de son **origine paysanne**, tant dans son comportement que dans son langage, le stigmatisent au regard de la société. Le récit donne à voir un monde attachant, celui des ouvriers et des paysans, mais il en souligne aussi l'aspect étriqué et parfois ridicule : la narratrice cherche un équilibre entre la valorisation et la dénonciation de leur façon de vivre.

De la lecture à l'expression orale et écrite

💬✏ *Des mots pour mieux s'exprimer*

1 Complétez les phrases suivantes avec les mots qui conviennent :

| Gêne | Honte | Impair | Indignité |

a. On lui a reproché l'_____ de sa conduite.

b. Gare à ne pas commettre le moindre _____ face au jury si tu veux être pris dans cette école hôtelière !

c. L'enfant a volé des bonbons dans un magasin et a été pris sur le fait : il était rouge de _____.

d. Le professeur a demandé au coupable de se dénoncer : un silence plein de _____ s'est installé dans la classe.

2 a. Expliquez la composition du mot indicible **(p. 51, l. 808).**

b. Trouvez trois mots construits avec le même préfixe et le même suffixe, puis employez chacun d'entre eux dans une phrase qui en éclairera le sens.

🎤 *La parole est à vous*

3 Lisez le passage de la page 51, lignes 789 à 809, en faisant bien entendre le patois parlé par le père de la narratrice.

Consignes. Votre lecture devra mettre en valeur les citations du père et le ton à la fois tendre et légèrement ironique de la narratrice. Vous pouvez utiliser des surligneurs de couleurs différentes pour préparer au mieux votre lecture en identifiant les différents passages à mettre en valeur. Enregistrez-vous sur votre smartphone pour écouter et améliorer votre performance avant de la présenter à la classe.

 À vous d'écrire

4 *Comme le père de la narratrice, vos parents espèrent que vous réussirez vos études et que vous aurez une vie confortable. Imaginez la conversation qu'ils ont avec vous afin de vous convaincre de travailler sérieusement à l'école pour préparer votre avenir.*

Consignes. Dans un dialogue d'une trentaine de lignes, intégrez au moins trois arguments de leur part et vos réactions. Respectez les règles de présentation d'un dialogue et variez les verbes de parole.

5 *Dans un article pour le journal de la ville d'Y..., un journaliste fait part de l'installation du couple qui reprendra le café. Rédigez cet article.*

Consignes. L'article, d'une trentaine de lignes, présentera la famille et rapportera les raisons de leur installation à Y... ainsi que leur projet pour le café-épicerie. Il pourra comporter une brève interview. Respectez les informations fournies par le texte, le contexte et le niveau de langue de l'époque. Présentez votre texte comme un article de presse et n'oubliez pas de lui donner un titre.

Du texte à l'image

Histoire des arts

- La grande rue d'Yvetot, carte postale colorisée, vers 1950.
- Robert Doisneau, *Vins, tabac, ballons*, photographie, 1953.
➡ **Images reproduites en début d'ouvrage, au verso de la couverture.**

👁 Lire l'image

1 Observez attentivement les deux images et décrivez-les (support, couleurs, composition, décor, attitude des personnages).

2 En quoi ces deux images constituent-elles des instantanés de la vie quotidienne dans les années 1950 ?

📄 Comparer le texte et l'image

3 Sur la photographie de Robert Doisneau, quels éléments peuvent faire écho au récit d'Annie Ernaux ?

4 *La Place* évoque la transformation de la vie quotidienne et la mutation des villes dans les années 1950 : en quoi la carte postale illustre-t-elle ces changements ?

5 Cherchez et expliquez ce qu'est la colorisation, effectuée sur la carte postale. Quel effet cette technique produit-elle aujourd'hui ? En quoi ce choix technique peut-il rappeler la façon dont le père renie « l'ancien temps » (p. 48) par désir de modernité ?

✏ À vous de créer

6 👆 Sur le site **www.robert-doisneau.com**, sélectionnez des photographies de Robert Doisneau en rapport avec un thème choisi parmi les suivants : l'école, la vie à la campagne, la vie urbaine. Présentez ces photographies sous la forme d'un diaporama.

[Suite de la page 60]

Une photo de moi, prise seule, au-dehors, avec à ma droite la rangée de remises[1], les anciennes accolées aux neuves. Sans doute n'ai-je pas encore de notions esthétiques. Je sais toutefois paraître à mon avantage : tournée de trois quarts pour estomper les hanches moulées dans une jupe étroite, faire ressortir la poitrine, une mèche de cheveux balayant le front. Je souris pour me faire l'air doux. J'ai seize ans. Dans le bas, l'ombre portée du buste de mon père qui a pris la photo.

Je travaillais mes cours, j'écoutais des disques, je lisais, toujours dans ma chambre. Je n'en descendais que pour me mettre à table. On mangeait sans parler. Je ne riais jamais à la maison. Je faisais de «l'ironie». C'est le temps où tout ce qui me touche de près m'est étranger. J'émigre doucement vers le monde petit-bourgeois, admise dans ces surboums[2] dont la seule condition d'accès, mais si difficile, consiste à ne pas être *cucul*. Tout ce que j'aimais me semble *péquenot*[3], Luis Mariano, les romans de Marie-Anne Desmarets, Daniel Gray[4], le rouge à lèvres et la poupée

---

1. Remises : lieux couverts destinés à abriter du matériel.
2. Surboums : boums, fêtes d'adolescents.
3. Péquenot : paysan (familier).
4. Luis Mariano (1914-1970) : chanteur d'opérettes espagnol, très populaire en France ;
Marie-Anne Desmarets, Daniel Gray : auteurs de romans sentimentaux véhiculant une image stéréotypée de l'amour.

1050 gagnée à la foire qui étale sa robe de paillettes sur mon lit. Même les idées de mon milieu me paraissent, ridicules, des *préjugés*, par exemple, «la police, il en faut» ou «on n'est pas un homme tant qu'on n'a pas fait son service». L'univers pour moi s'est retourné.

Je lisais la «vraie» littérature, et je recopiais des phrases, des vers,
1055 qui, je croyais, exprimaient mon «âme», l'indicible de ma vie, comme «Le bonheur est un dieu qui marche les mains vides»... (Henri de Régnier[1]).

Mon père est entré dans la catégorie des *gens simples* ou *modestes* ou *braves gens*. Il n'osait plus me raconter des histoires de son
1060 enfance. Je ne lui parlais plus de mes études. Sauf le latin, parce qu'il avait servi la messe[2], elles lui étaient incompréhensibles et il refusait de faire mine de s'y intéresser, à la différence de ma mère. Il se fâchait quand je me plaignais du travail ou critiquais les cours. Le mot «prof» lui déplaisait, ou «dirlo», même «bouquin».
1065 Et toujours la peur ou peut-être le désir que je n'y arrive pas.

Il s'énervait de me voir à longueur de journée dans les livres, mettant sur leur compte mon visage fermé et ma mauvaise humeur. La lumière sous la porte de ma chambre le soir lui faisait dire que je m'usais la santé. Les études, une souffrance obligée pour
1070 obtenir une bonne situation et *ne pas prendre un ouvrier*. Mais que j'aime me casser la tête lui paraissait suspect. Une absence de vie à la fleur de l'âge. Il avait parfois l'air de penser que j'étais malheureuse.

Devant la famille, les clients, de la gêne, presque de la honte
1075 que je ne gagne pas encore ma vie à dix-sept ans, autour de nous toutes les filles de cet âge allaient au bureau, à l'usine ou servaient derrière le comptoir de leurs parents. Il craignait qu'on ne me prenne pour une paresseuse et lui pour un crâneur. Comme une excuse: «On ne l'a jamais poussée, elle avait ça dans elle.» Il disait

---

1. **Henri de Régnier** (1864-1936): poète français.
2. **Il avait servi la messe**: il avait été enfant de chœur.

que j'apprenais bien, jamais que je travaillais bien. Travailler, c'était seulement travailler de ses mains.

Les études n'avaient pas pour lui de rapport avec la vie ordinaire. Il lavait la salade dans une seule eau, aussi restait-il souvent des limaces. Il a été scandalisé quand, forte des principes de désinfection reçus en troisième, j'ai proposé qu'on la lave dans plusieurs eaux. Une autre fois, sa stupéfaction a été sans bornes, de me voir parler anglais avec un auto-stoppeur qu'un client avait pris dans son camion. Que j'aie appris une langue étrangère en classe, sans aller dans le pays, le laissait incrédule [1].

À cette époque, il a commencé d'entrer dans des colères, rares, mais soulignées d'un rictus de haine. Une complicité me liait à ma mère. Histoires de mal au ventre mensuel, de soutien-gorge à choisir, de produits de beauté. Elle m'emmenait faire des achats à Rouen, rue du Gros-Horloge, et manger des gâteaux chez Périer, avec une petite fourchette. Elle cherchait à employer mes mots, flirt, être un crack, etc. On n'avait pas besoin de lui.

La dispute éclatait à table pour un rien. Je croyais toujours avoir raison parce qu'il ne savait pas *discuter*. Je lui faisais des remarques sur sa façon de manger ou de parler. J'aurais eu honte de lui reprocher de ne pas pouvoir m'envoyer en vacances, j'étais sûre qu'il était légitime de vouloir le faire changer de manières. Il aurait peut-être préféré avoir une autre fille.

Un jour: «Les livres, la musique, c'est bon pour toi. Moi je n'en ai pas besoin pour *vivre*.»

---

1. Incrédule: qui refuse de croire quelque chose.

1105 Le reste du temps, il vivait patiemment. Quand je revenais de classe, il était assis dans la cuisine, tout près de la porte donnant sur le café, à lire *Paris-Normandie*, le dos voûté, les bras allongés de chaque côté du journal étalé sur la table. Il levait la tête : «Tiens voilà la fille.

1110 – Ce que j'ai faim !

– C'est une bonne maladie. Prends ce que tu veux.»

Heureux de me nourrir, au moins. On se disait les mêmes choses qu'autrefois, quand j'étais petite, rien d'autre.

Je pensais qu'il ne pouvait plus rien pour moi. Ses mots et ses
1115 idées n'avaient pas cours dans les salles de français ou de philo, les séjours à canapé de velours rouge des amies de classe. L'été, par la fenêtre ouverte de ma chambre, j'entendais le bruit de sa bêche aplatissant régulièrement la terre retournée.

J'écris peut-être parce qu'on n'avait plus rien à se dire.

1120 À la place des ruines de notre arrivée, le centre de Y... offrait maintenant des petits immeubles crème, avec des commerces modernes qui restaient illuminés la nuit. Le samedi et le dimanche, tous les jeunes des environs tournaient dans les rues ou regardaient la télé dans les cafés. Les femmes du quartier
1125 remplissaient leur panier pour le dimanche dans les grandes alimentations du centre. Mon père avait enfin sa façade en crépi blanc, ses rampes de néon, déjà les cafetiers qui avaient du flair revenaient au colombage normand, aux fausses poutres et aux vieilles lampes. Soirs repliés à compter la recette. «On
1130 leur donnerait la marchandise qu'ils ne viendraient pas chez

vous. » Chaque fois qu'un magasin nouveau s'ouvrait dans Y…, il allait faire un tour du côté, à vélo.

Ils sont arrivés à se maintenir. Le quartier s'est prolétarisé[1]. À la place des cadres moyens partis habiter les immeubles neufs avec salle de bains, des gens à petit budget, jeunes ménages ouvriers, familles nombreuses en attente d'une H.L.M. « Vous paierez demain, on est gens de revue[2]. » Les petits vieux étaient morts, les suivants n'avaient plus la permission de rentrer saouls, mais une clientèle moins gaie, plus rapide et payante de buveurs occasionnels leur avait succédé. L'impression de tenir maintenant un débit de boissons convenable.

Il est venu me chercher à la fin d'une colonie de vacances où j'avais été monitrice. Ma mère a crié hou-hou de loin et je les ai aperçus. Mon père marchait voûté, baissant la tête à cause du soleil. Ses oreilles se détachaient, un peu rouges sans doute parce qu'il venait de se faire couper les cheveux. Sur le trottoir, devant la cathédrale, ils parlaient très fort en se chamaillant sur la direction à prendre pour le retour. Ils ressemblaient à tous ceux qui n'ont pas l'habitude de sortir. Dans la voiture, j'ai remarqué qu'il avait des taches jaunes près des yeux, sur les tempes. J'avais pour la première fois vécu loin de la maison, pendant deux mois, dans un monde jeune et libre. Mon père était vieux, crispé. Je ne me sentais plus le droit d'entrer à l'Université.

Quelque chose d'indistinct, une gêne après les repas. Il prenait de la magnésie[3], redoutant d'appeler le médecin. À la radio, enfin, le spécialiste de Rouen lui a découvert un polype[4] à l'estomac,

---

1. **S'est prolétarisé** : est devenu socialement plus populaire.
2. **On est gens de revue** : on va se revoir (familier).
3. **Magnésie** : fortifiant à base de magnésium.
4. **Polype** : tumeur sans gravité.

qu'il fallait enlever rapidement. Ma mère lui reprochait sans cesse de se faire du souci pour rien. Culpabilité, en plus, de coûter cher. (Les commerçants ne profitaient pas encore de la sécurité sociale.) Il disait, «c'est une tuile».

Après l'opération, il est resté le moins longtemps possible à la clinique et il s'est remis lentement à la maison. Ses forces étaient perdues. Sous peine d'une déchirure, il ne pouvait plus soulever de casiers, travailler au jardin plusieurs heures d'affilée. Désormais, spectacle de ma mère courant de la cave au magasin, soulevant les caisses de livraison et les sacs de patates, travaillant double. Il a perdu sa fierté à cinquante-neuf ans. «Je ne suis plus bon à rien.» Il s'adressait à ma mère. Plusieurs sens peut-être.

Mais désir de reprendre le dessus, de s'habituer encore. Il s'est mis à chercher ses aises. Il s'écoutait. La nourriture est devenue une chose terrible, bénéfique ou maléfique suivant qu'elle passait bien ou lui *revenait en reproche*. Il reniflait le bifteck ou le merlan avant de les jeter dans la poêle. La vue de mes yaourts lui répugnait. Au café, dans les repas de famille, il racontait ses menus, discutait avec d'autres des soupes maison et des potages en sachet, etc. Aux alentours de la soixantaine, tout le monde autour avait ce sujet de conversation.

Il satisfaisait ses envies. Un cervelas[1], un cornet de crevettes grises. L'espérance du bonheur, évanouie souvent dès les premières bouchées. En même temps, feignant toujours de ne rien désirer, «je vais manger une *demi*-tranche de jambon», «donnez-m'en un *demi*-verre», continuellement. Des manies, maintenant, comme défaire le papier des gauloises, mauvais au goût, et les renrouler dans du Zig-Zag[2] avec précaution.

Le dimanche, ils faisaient un tour en voiture pour ne pas *s'encroûter*, le long de la Seine, là où il avait travaillé autrefois,

---

1. Cervelas: sorte de saucisson.
2. Gauloises: cigarettes; **Zig-Zag**: papier à cigarettes.

sur les jetées de Dieppe ou de Fécamp. Mains le long du corps, fermées, tournées vers l'extérieur, parfois jointes dans son dos. En se promenant, il n'a jamais su quoi faire de ses mains. Le
1190 soir, il attendait le souper en bâillant. «On est plus fatigué le dimanche que les autres jours. »

La politique, surtout, *comment ça va finir tout ça* (la guerre d'Algérie, putsch des généraux, attentats de l'O.A.S.[1]), familiarité complice avec *le grand Charles*[2].

1195 Je suis entrée comme élève-maîtresse à l'école normale de Rouen. J'y étais nourrie avec excès, blanchie, un homme à toutes mains[3] réparait même les chaussures. Tout gratuitement. Il éprouvait une sorte de respect pour ce système de prise en charge absolue. L'État m'offrait d'emblée ma place dans le monde. Mon départ
1200 de l'école en cours d'année l'a désorienté. Il n'a pas compris que je quitte, pour une question de liberté, un endroit si sûr, où j'étais comme à l'engrais[4].

J'ai passé un long moment à Londres. Au loin, il devint certitude d'une tendresse abstraite. Je commençais à vivre pour moi seule.
1205 Ma mère m'écrivait un compte rendu du monde autour. Il fait froid par chez nous espérons que cela ne va pas durer. On est allés dimanche voir nos amis de Granville. La mère X est morte soixante ans ce n'est pas vieux. Elle ne savait pas plaisanter par écrit, dans une langue et avec des tournures qui lui donnaient

---

1. Putsch des généraux : le 23 avril 1961, tentative de coup d'État en Algérie, par des militaires français opposés à la décolonisation ; **O.A.S.** : Organisation de l'Armée Secrète, organisation française contre l'indépendance de l'Algérie lors de la guerre d'Algérie (1954-1962).
2. Charles de Gaulle : général français qui a joué un rôle capital lors de la Seconde Guerre mondiale en appelant les Français à la Résistance ; devenu président de la République de 1959 à 1969, son mandat a été marqué par la guerre d'Algérie.
3. Homme à toutes mains : homme à tout faire, mis ici au service des étudiants.
4. Comme à l'engrais : entretenue, logée et salariée.

1210 déjà de la peine. Écrire comme elle parlait aurait été plus difficile encore, elle n'a jamais appris à le faire. Mon père signait. Je leur répondais aussi dans le ton du constat. Ils auraient ressenti toute recherche de style comme une manière de les tenir à distance.

Je suis revenue, repartie. À Rouen, je faisais une licence de lettres.
1215 Ils se houspillaient[1] moins, juste les remarques acrimonieuses[2] connues, « on va encore manquer d'Orangina par ta faute », « qu'est-ce que tu peux bien lui raconter au curé à être toujours pendue à l'église », par habitude. Il avait encore des projets pour que le commerce et la maison aient bonne apparence, mais de
1220 moins en moins la perception des bouleversements qu'il aurait fallu pour attirer une nouvelle clientèle. Se contentant de celle que les blanches alimentations du centre effarouchaient[3], avec ce coup d'œil des vendeuses regardant *comment vous êtes habillé*. Plus d'ambition. Il s'était résigné à ce que son commerce ne soit
1225 qu'une survivance qui disparaîtrait avec lui.

Décidé maintenant à *profiter un peu de l'existence*. Il se levait plus tard, après ma mère, travaillait doucement au café, au jardin, lisait le journal d'un bout à l'autre, tenait de longues conversations avec tout le monde. La mort, allusivement, sous forme de
1230 maximes[4], on sait bien ce qui nous attend. À chaque fois que je rentrais à la maison, ma mère : « Ton père, regarde-le, c'est un coq en pâte[5] ! »

À la fin de l'été, en septembre, il attrape des guêpes sur la vitre de la cuisine avec son mouchoir et il les jette sur la plaque à feu
1235 continu du poêle allumé déjà. Elles meurent en se consumant avec des soubresauts.

---

1. **Se houspillaient** : se disputaient (familier).
2. **Acrimonieuses** : désagréables, agressives.
3. **Effarouchaient** : intimidaient.
4. **Maximes** : phrases brèves énonçant une vérité ou un principe général sur la vie.
5. **C'est un coq en pâte** : il est choyé, il profite d'une existence confortable.

Ni inquiétude, ni jubilation[1], il a pris son parti de me voir mener cette vie bizarre, irréelle : avoir vingt ans et plus, toujours sur les bancs de l'école. « Elle étudie pour être professeur. » De quoi, les clients ne demandaient pas, seul compte le titre, et il ne se souvenait jamais. « Lettres modernes » ne lui parlait pas comme aurait pu le faire mathématiques ou espagnol. Craignant qu'on ne me juge toujours trop privilégiée, qu'on ne les imagine riches pour m'avoir ainsi poussée. Mais n'osant pas non plus avouer que j'étais boursière[2], on aurait trouvé qu'ils avaient bien de la chance que l'État me paie à ne rien faire de mes dix doigts. Toujours cerné par l'envie et la jalousie, cela peut-être de plus clair dans sa condition. Parfois, je rentrais chez eux le dimanche matin après une nuit blanche, je dormais jusqu'au soir. Pas un mot, presque de l'approbation[3], une fille peut bien s'amuser *gentiment*, comme une preuve que j'étais tout de même normale. Ou bien une représentation idéale du monde intellectuel et bourgeois, opaque[4]. Quand une fille d'ouvrier se mariait enceinte, tout le quartier le savait.

Aux vacances d'été, j'invitais à Y… une ou deux copines de fac, des filles *sans préjugés* qui affirmaient « c'est le cœur qui compte ». Car, à la manière de ceux qui veulent prévenir tout regard condescendant[5] sur leur famille, j'annonçais : « Tu sais chez moi c'est *simple*. » Mon père était heureux d'accueillir ces jeunes filles si bien élevées, leur parlait beaucoup, par souci de politesse

---

1. **Jubilation** : joie intense.
2. **Boursière** : élève d'origine modeste qui reçoit une subvention de l'État afin de faire des études.
3. **Approbation** : consentement, encouragement.
4. **Opaque** : difficile à comprendre, à imaginer.
5. **Prévenir tout regard condescendant** : éviter tout regard hautain, méprisant.

évitant de laisser tomber la conversation, s'intéressant vivement à tout ce qui concernait mes amies. La composition des repas était source d'inquiétude, «est-ce que *mademoiselle* Geneviève aime les tomates?». Il se mettait en quatre. Quand la famille d'une de ces amies me recevait, j'étais admise à partager de façon naturelle un mode de vie que ma venue ne changeait pas. À entrer dans leur monde qui ne redoutait aucun regard étranger, et qui m'était ouvert parce que j'avais oublié les manières, les idées et les goûts du mien. En donnant un caractère de fête à ce qui, dans ces milieux, n'était qu'une visite banale, mon père voulait honorer mes amies et passer pour quelqu'un qui a du savoir-vivre. Il révélait surtout une infériorité qu'elles reconnaissaient malgré elles, en disant par exemple, «bonjour monsieur, comme ça va-*ti*?».

Un jour, avec un regard fier: «Je ne t'ai jamais fait honte.»

À la fin d'un été, j'ai *amené à la maison* un étudiant de sciences politiques avec qui j'étais liée. Rite solennel[1] consacrant le droit d'entrer dans une famille, effacé dans les milieux modernes, aisés, où les copains entraient et sortaient librement. Pour recevoir ce jeune homme, il a mis une cravate, échangé ses bleus contre un pantalon du dimanche. Il exultait[2], sûr de pouvoir considérer mon futur mari comme son fils, d'avoir avec lui, par-delà les différences d'instruction, une connivence[3] d'hommes. Il lui a montré son jardin, le garage qu'il avait construit seul, de ses mains. Offrande de ce qu'il savait faire, avec l'espoir que sa valeur serait reconnue de ce garçon qui aimait sa fille. À celui-ci, il suffisait d'être *bien élevé*, c'était la qualité que mes parents appréciaient le plus, elle leur apparaissait une conquête difficile. Ils n'ont pas cherché à savoir, comme ils l'auraient fait pour un ouvrier, s'il

---

1. **Solennel**: cérémonieux, grave.
2. **Exultait**: éprouvait une joie intense.
3. **Connivence**: complicité.

était courageux et ne buvait pas. Conviction[1] profonde que le
1290 savoir et les bonnes manières étaient la marque d'une excellence
intérieure, innée[2].

Quelque chose d'attendu depuis des années peut-être, un souci
de moins. Sûr maintenant que je n'allais pas *prendre n'importe
qui* ou devenir une *déséquilibrée*. Il a voulu que ses économies
1295 servent à aider le jeune ménage[3], désirant compenser par une
générosité infinie l'écart de culture et de pouvoir qui le séparait
de son gendre[4]. «Nous, on n'a plus besoin de grand-chose.»

Au repas de mariage, dans un restaurant avec vue sur la Seine,
il se tient la tête un peu en arrière, les deux mains sur sa serviette
1300 étalée sur les genoux et il sourit légèrement, dans le vague, comme
tous les gens qui s'ennuient en attendant les plats. Ce sourire
veut dire aussi que tout, ici, aujourd'hui, est très bien. Il porte
un costume bleu à rayures, qu'il s'est fait faire sur mesures, une
chemise blanche avec, pour la première fois, des boutons de
1305 manchette. Instantané[5] de la mémoire. J'avais tourné la tête de
ce côté au milieu de mes rires, certaine qu'il ne s'amusait pas.

Après, il ne nous a plus vus que de loin en loin.
On habitait une ville touristique des Alpes, où mon mari avait
un poste administratif. On tendait les murs de toile de jute[6], on

---

1. Conviction: certitude, fait d'être convaincu de quelque chose.
2. Innée: qui existe dès la naissance, qu'on n'apprend pas.
3. Ménage: couple, foyer.
4. Gendre: beau-fils, époux de la fille.
5. Instantané: image soudaine, immobile et précise, que la mémoire fait surgir, telle
une photographie.
6. Toile de jute: toile marron clair.

1310 offrait du whisky à l'apéritif, on écoutait le panorama[1] de musique
ancienne à la radio. Trois mots de politesse à la concierge. J'ai
glissé dans cette moitié du monde pour laquelle l'autre n'est
qu'un décor. Ma mère écrivait, vous pourriez venir vous reposer
à la maison, n'osant pas dire de venir les voir pour eux-mêmes.
1315 J'y allais seule, taisant les vraies raisons de l'indifférence de leur
gendre, raisons indicibles, entre lui et moi, et que j'ai admises
comme allant de soi. Comment un homme né dans une bourgeoisie à diplômes, constamment «ironique», aurait-il pu se plaire
en compagnie de *braves gens*, dont la gentillesse, reconnue de
1320 lui, ne compenserait jamais à ses yeux ce manque essentiel: une
conversation spirituelle[2]. Dans sa famille, par exemple, si l'on
cassait un verre, quelqu'un s'écriait aussitôt, «n'y touchez pas,
il est brisé!» (Vers de Sully Prud'homme[3]).

C'est toujours elle qui m'attendait à la descente du train de
1325 Paris, près de la barrière de sortie. Elle me prenait de force ma
valise, «elle est trop lourde pour toi, tu n'as pas l'habitude».
Dans l'épicerie, il y avait une personne ou deux, qu'il cessait
de servir une seconde pour m'embrasser avec brusquerie. Je
m'asseyais dans la cuisine, ils restaient debout, elle à côté de
1330 l'escalier, lui dans l'encadrement de la porte ouverte sur la salle
de café. À cette heure-là, le soleil illuminait les tables, les verres
du comptoir, un client parfois dans la coulée de lumière, à nous
écouter. Au loin, j'avais épuré[4] mes parents de leurs gestes et
de leurs paroles, des corps glorieux. J'entendais à nouveau leur
1335 façon de dire «a» pour «elle», de parler fort. Je les retrouvais tels

---

1. **Panorama**: sélection.
2. **Spirituelle**: montrant l'intelligence par un humour raffiné.
3. **Sully Prud'homme** (1839-1907): poète français.
4. **Épuré**: élagué, ôté le superflu.

qu'ils avaient toujours été, sans cette «sobriété[1]» de maintien, ce langage correct, qui me paraissaient maintenant naturels. Je me sentais séparée de moi-même.

1340 Je sors de mon sac le cadeau que je lui apporte. Il le déballe avec plaisir. Un flacon d'after-shave[2]. Gêne, rires, à quoi ça sert? Puis, «je vais sentir la cocotte!». Mais il promet de s'en mettre. Scène ridicule du mauvais cadeau. Mon envie de pleurer comme autrefois «il ne changera donc jamais!».

1345 On évoquait les gens du quartier, mariés, morts, partis de Y… Je décrivais l'appartement, le secrétaire Louis-Philippe[3], les fauteuils de velours rouge, la chaîne hi-fi. Très vite, il n'écoutait plus. Il m'avait élevée pour que je profite d'un luxe que lui-même ignorait, il était heureux, mais le Dunlopillo[4] ou la commode ancienne n'avaient pas d'autre intérêt pour lui que de certifier
1350 ma réussite. Souvent, pour abréger: «Vous avez bien raison de profiter.»

Je ne restais jamais assez longtemps. Il me confiait une bouteille de cognac pour mon mari. «Mais oui, ce sera pour une autre fois.» Fierté de ne rien laisser paraître, *dans la poche avec*
1355 *le mouchoir par-dessus*[5].

Le premier supermarché est apparu à Y…, attirant la clientèle ouvrière de partout, on pouvait enfin faire ses courses sans rien demander à personne. Mais on dérangeait toujours le petit épicier du coin pour le paquet de café oublié en ville, le lait cru et

---

1. Sobriété: simplicité.
2. After-shave: lotion après-rasage.
3. Secrétaire Louis-Philippe: meuble inspiré de l'époque de Louis-Philippe, roi de France de 1830 à 1848.
4. Dunlopillo: marque de matelas.
5. Expression signifiant qu'on met de côté sa fierté pour supporter une chose blessante.

1360 les malabars avant d'aller à l'école. Il a commencé d'envisager
la vente de leur commerce. Ils s'installeraient dans une maison
adjacente qu'ils avaient dû acheter autrefois en même temps que
le fonds, deux pièces cuisine, un cellier. Il emporterait du bon
vin et des conserves. Il élèverait quelques poules pour les œufs
1365 frais. Ils viendraient nous voir en Haute-Savoie. Déjà, il avait la
satisfaction d'avoir droit, à soixante-cinq ans, à la sécurité sociale.
Quand il revenait de la pharmacie, il s'asseyait à la table et collait
les vignettes avec bonheur.

Il aimait de plus en plus la vie.

1370 Plusieurs mois se sont passés depuis le moment où j'ai commencé
ce récit, en novembre. J'ai mis beaucoup de temps parce qu'il
ne m'était pas aussi facile de ramener au jour des faits oubliés
que d'inventer. La mémoire résiste. Je ne pouvais pas compter
sur la réminiscence[1], dans le grincement de la sonnette d'un
1375 vieux magasin, l'odeur de melon trop mûr, je ne retrouve que
moi-même, et mes étés de vacances, à Y… La couleur du ciel, les
reflets des peupliers dans l'Oise toute proche, n'avaient rien à
m'apprendre. C'est dans la manière dont les gens s'assoient et
s'ennuient dans les salles d'attente, interpellent leurs enfants, font
1380 au revoir sur les quais de gare que j'ai cherché la figure de mon
père. J'ai retrouvé dans des êtres anonymes rencontrés n'importe
où, porteurs à leur insu[2] des signes de force ou d'humiliation,
la réalité oubliée de sa condition.

---

1. Réminiscence : surgissement soudain d'un souvenir oublié.
2. À leur insu : sans qu'ils le sachent.

Il n'y a pas eu de printemps, j'avais l'impression d'être enfermée dans un temps invariable depuis novembre, frais et pluvieux, à peine plus froid au cœur de l'hiver. Je ne pensais pas à la fin de mon livre. Maintenant je sais qu'elle approche. La chaleur est arrivée début juin. À l'odeur du matin, on est sûr qu'il fera beau. Bientôt je n'aurai plus rien à écrire. Je voudrais retarder les dernières pages, qu'elles soient toujours devant moi. Mais il n'est même plus possible de revenir trop loin en arrière, de retoucher ou d'ajouter des faits, ni même de me demander où était le bonheur. Je vais prendre un train matinal et je n'arriverai que dans la soirée, comme d'habitude. Cette fois je leur amène leur petit-fils de deux ans et demi.

Ma mère attendait à la barrière de sortie, sa jaquette[1] de tailleur enfilée par-dessus sa blouse blanche et un foulard sur ses cheveux qu'elle ne teint plus depuis mon mariage. L'enfant, muet de fatigue et perdu, au bout de ce voyage interminable, s'est laissé embrasser et entraîner par la main. La chaleur était légèrement tombée. Ma mère marche toujours à pas courts et rapides. D'un seul coup, elle ralentissait en criant, « il y a des petites jambes avec nous, mais voyons ! ». Mon père nous attendait dans la cuisine. Il ne m'a pas paru vieilli. Ma mère a fait remarquer qu'il était allé la veille chez le coiffeur pour faire honneur à son petit garçon. Une scène brouillonne, avec des exclamations, des questions à l'enfant sans attendre la réponse, des reproches entre eux, de fatiguer ce pauvre petit bonhomme, le plaisir enfin. Ils ont cherché *de quel côté il était*. Ma mère l'a emmené devant les bocaux de bonbons. Mon père, au jardin voir les fraises, puis les lapins et les canards. Ils s'emparaient complètement de leur petit-fils, décidant de tout à son propos, comme si j'étais restée une petite fille incapable de s'occuper d'un enfant. Accueillant avec doute les principes d'éducation que je croyais nécessaires, faire la sieste et pas de sucreries. On mangeait tous les quatre à

---

1. **Jaquette** : veste.

la table contre la fenêtre, l'enfant sur mes genoux. Un beau soir calme, un moment qui ressemblait à un rachat[1].

Mon ancienne chambre avait conservé la chaleur du jour. Ils avaient installé un petit lit à côté du mien pour le petit bonhomme. Je n'ai pas dormi avant deux heures, après avoir essayé de lire. À peine branché, le fil de la lampe de chevet a noirci, avec des étincelles, l'ampoule s'est éteinte. Une lampe en forme de boule posée sur un socle de marbre avec un lapin de cuivre droit, les pattes repliées. Je l'avais trouvée très belle autrefois. Elle devait être abîmée depuis longtemps. On n'a jamais rien fait réparer à la maison, indifférence aux choses.

Maintenant, c'est un autre temps.

Je me suis réveillée tard. Dans la chambre voisine, ma mère parlait doucement à mon père. Elle m'a expliqué qu'il avait vomi à l'aube sans même avoir pu attendre de parvenir au seau de toilette. Elle supposait une indigestion avec des restes de volaille, la veille au midi. Il s'inquiétait surtout de savoir si elle avait nettoyé le sol et se plaignait d'avoir mal quelque part dans la poitrine. Sa voix m'a semblé changée. Quand le petit bonhomme s'est approché de lui, il n'en a pas fait cas, restant sans bouger, à plat dos.

Le docteur est monté directement à la chambre. Ma mère était en train de servir. Elle l'a rejoint ensuite et ils sont redescendus tous les deux dans la cuisine. Au bas de l'escalier, le docteur a chuchoté qu'il fallait le transporter à l'Hôtel-Dieu[2] de Rouen. Ma mère s'est défaite[3]. Depuis le début, elle me disait «il veut toujours manger ce qui ne lui réussit pas», et à mon père, en lui

---

1. Rachat : fait de racheter, de réparer des erreurs ou des manques.
2. Hôtel-Dieu : hôpital.
3. Défaite : décomposée, effondrée.

apportant de l'eau minérale, «tu le sais pourtant bien que tu es délicat du ventre». Elle froissait la serviette de table propre qui
1445 avait servi à l'auscultation, n'ayant pas l'air de comprendre, refusant la gravité d'un mal que nous n'avions pas, tout d'abord, vu. Le docteur s'est repris, on pouvait attendre ce soir pour décider, ce n'était peut-être qu'un coup de chaleur.

Je suis allée chercher les médicaments. La journée s'annonçait
1450 lourde. Le pharmacien m'a reconnue. À peine plus de voitures dans les rues qu'à ma dernière visite l'année d'avant. Tout était trop pareil ici pour moi depuis l'enfance pour que j'imagine mon père vraiment malade. J'ai acheté des légumes pour une ratatouille. Des clients se sont inquiétés de ne pas voir le patron,
1455 qu'il ne soit pas encore levé par ce beau temps. Ils trouvaient des explications simples à son malaise, avec comme preuves leurs propres sensations, «hier il faisait au moins 40 degrés dans les jardins, je serais tombé si j'y étais resté comme lui», ou, «avec cette chaleur on n'est pas bien, je n'ai rien mangé hier». Comme
1460 ma mère, ils avaient l'air de penser que mon père était malade pour avoir voulu désobéir à la nature et faire le jeune homme, il recevait sa punition mais il ne faudrait pas recommencer.

En passant près du lit, à l'heure de sa sieste, l'enfant a demandé: «Pourquoi il fait dodo, le monsieur?»
1465 Ma mère montait toujours entre deux clients. À chaque coup de sonnette, je lui criais d'en bas comme autrefois «il y a du monde!» pour qu'elle descende servir. Il ne prenait que de l'eau, mais son état ne s'aggravait pas. Le soir, le docteur n'a plus reparlé d'hôpital.
1470 Le lendemain, à chaque fois que ma mère ou moi lui demandions comment il se sentait, il soupirait avec colère ou se plaignait de n'avoir pas mangé depuis deux jours. Le docteur n'avait pas plaisanté une seule fois, à son habitude, en disant: «C'est un pet de travers.» Il me semble qu'en le voyant descendre, j'ai
1475 constamment attendu cela ou n'importe quelle autre boutade. Le soir, ma mère, les yeux baissés, a murmuré «je ne sais pas ce

que ça va faire». Elle n'avait pas encore évoqué la mort possible de mon père. Depuis la veille, on prenait nos repas ensemble, on s'occupait de l'enfant, sans parler de sa maladie entre nous
1480 deux. J'ai répondu «on va voir». Vers l'âge de dix-huit ans, je l'ai parfois entendue me jeter, «s'il t'arrive un *malheur*... tu sais ce qu'il te reste à faire». Il n'était pas nécessaire de préciser quel malheur, sachant bien l'une et l'autre de quoi il s'agissait sans avoir jamais prononcé le mot, tomber enceinte.

1485 Dans la nuit de vendredi à samedi, la respiration de mon père est devenue profonde et déchirée. Puis un bouillonnement très fort, distinct de la respiration, continu, s'est fait entendre. C'était horrible parce qu'on ne savait pas si cela venait des poumons ou des intestins, comme si tout l'intérieur communiquait. Le
1490 docteur lui a fait une piqûre de calmants. Il s'est apaisé. Dans l'après-midi, j'ai rangé du linge repassé dans l'armoire. Par curiosité, j'ai sorti une pièce de coutil[1] rose, la dépliant au bord du lit. Il s'est alors soulevé pour me regarder faire, me disant de sa voix nouvelle: «C'est pour retapisser ton matelas, ta mère a déjà
1495 refait celui-là.» Il a tiré sur la couverture de façon à me montrer le matelas. C'était la première fois depuis le début de son attaque qu'il s'intéressait à quelque chose autour de lui. En me rappelant ce moment, je crois que rien n'est encore perdu, mais ce sont des paroles pour montrer qu'il n'est pas très malade, alors que
1500 justement cet effort pour se raccrocher au monde signifie qu'il s'en éloignait.

Par la suite, il ne m'a plus parlé. Il avait toute sa conscience, se tournant pour les piqûres lorsque la sœur arrivait, répondant oui ou non aux questions de ma mère, s'il avait mal, ou soif. De
1505 temps en temps, il protestait, comme si la clef de la guérison était là, refusée par on ne sait qui, «si je pouvais manger, au moins». Il ne calculait plus depuis combien de jours il était à jeun. Ma mère répétait «un peu de diète ne fait pas de mal». L'enfant jouait

---

1. Coutil: tissu utilisé pour confectionner les toiles de matelas.

dans le jardin. Je le surveillais en essayant de lire *Les Mandarins* de Simone de Beauvoir[1]. Je n'entrais pas dans ma lecture, à une certaine page de ce livre, épais, mon père ne vivrait plus. Les clients demandaient toujours des nouvelles. Ils auraient voulu savoir ce qu'il avait exactement, un infarctus ou une insolation, les réponses vagues de ma mère suscitaient de l'incrédulité, ils pensaient qu'on voulait leur cacher quelque chose. Pour nous, le nom n'avait plus d'importance.

Le dimanche matin, un marmottement[2] chantant, entrecoupé de silences, m'a éveillée. L'extrême-onction[3] du catéchisme. La chose la plus obscène[4] qui soit, je me suis enfoncé la tête dans l'oreiller. Ma mère avait dû se lever tôt pour obtenir l'archiprêtre au sortir de sa première messe.

Plus tard, je suis montée près de lui à un moment où ma mère servait. Je l'ai trouvé assis au bord du lit, la tête penchée, fixant désespérément la chaise à côté du lit. Il tenait son verre vide au bout de son bras tendu. Sa main tremblait avec violence. Je n'ai pas compris tout de suite qu'il voulait reposer le verre sur la chaise. Pendant des secondes interminables, j'ai regardé la main. Son air de désespoir. Enfin, j'ai pris le verre et je l'ai recouché, ramenant ses jambes sur le lit. «Je peux faire cela» ou «Je suis donc bien grande que je fais cela». J'ai osé le regarder vraiment. Sa figure n'offrait plus qu'un rapport lointain avec celle qu'il avait toujours eue pour moi. Autour du dentier – il avait refusé de l'enlever – ses lèvres se retroussaient au-dessus des gencives. Devenu un de ces vieillards alités de l'hospice devant les lits desquels la directrice de l'école religieuse nous faisait brailler des Noëls[5]. Pourtant, même dans cet état, il me semblait qu'il pouvait vivre encore longtemps.

---

1. **Simone de Beauvoir** (1908-1986): écrivain français féministe.
2. **Marmottement**: murmure.
3. **Extrême-onction**: dans la religion catholique, dernier sacrement donné à un mourant.
4. **Obscène**: ici, choquante.
5. **Des Noëls**: des chants de Noël.

À midi et demi, j'ai couché l'enfant. Il n'avait pas sommeil et sautait sur son lit à ressorts de toutes ses forces. Mon père respirait difficilement, les yeux grands ouverts. Ma mère a fermé le café et l'épicerie, comme tous les dimanches, vers une heure. Elle est remontée près de lui. Pendant que je faisais la vaisselle, mon oncle et ma tante sont arrivés. Après avoir vu mon père, ils se sont installés dans la cuisine. Je leur ai servi du café. J'ai entendu ma mère marcher lentement au-dessus, commencer à descendre. J'ai cru, malgré son pas lent, inhabituel, qu'elle venait boire son café. Juste au tournant de l'escalier, elle a dit doucement : « C'est fini. »

Le commerce n'existe plus. C'est une maison particulière, avec des rideaux de tergal aux anciennes devantures[1]. Le fonds s'est éteint avec le départ de ma mère qui vit dans un studio à proximité du centre. Elle a fait poser un beau monument de marbre sur la tombe. A… D… 1899-1967. Sobre, et ne demande pas d'entretien.

J'ai fini de mettre au jour l'héritage que j'ai dû déposer[2] au seuil du monde bourgeois et cultivé quand j'y suis entrée.

Un dimanche après la messe, j'avais douze ans, avec mon père j'ai monté le grand escalier de la mairie. On a cherché la porte

---

1. Tergal : fibre synthétique ; **devantures** : vitrines.
2. L'héritage que j'ai dû déposer : les comportements transmis par mes parents, et que j'ai dû abandonner.

de la bibliothèque municipale. Jamais nous n'y étions allés. Je
m'en faisais une fête. On n'entendait aucun bruit derrière la
porte. Mon père l'a poussée, toutefois. C'était silencieux, plus
encore qu'à l'église, le parquet craquait et surtout cette odeur
étrange, vieille. Deux hommes nous regardaient venir depuis
un comptoir très haut barrant l'accès aux rayons. Mon père m'a
laissé demander : « On voudrait emprunter des livres. » L'un des
hommes aussitôt : « Qu'est-ce que vous voulez comme livres ? »
À la maison, on n'avait pas pensé qu'il fallait savoir d'avance ce
qu'on voulait, être capable de citer des titres aussi facilement
que des marques de biscuits. On a choisi à notre place, *Colomba*
pour moi, un roman *léger* de Maupassant[1] pour mon père. Nous
ne sommes pas retournés à la bibliothèque. C'est ma mère qui
a dû rendre les livres, peut-être, avec du retard.

Il me conduisait de la maison à l'école sur son vélo. Passeur
entre deux rives, sous la pluie et le soleil.

Peut-être sa plus grande fierté, ou même, la justification de
son existence : que j'appartienne au monde qui l'avait dédaigné.

Il chantait : *C'est l'aviron qui nous mène en rond*[2].

Je me souviens d'un titre *L'Expérience des limites*. Mon découra-
gement en lisant le début, il n'y était question que de métaphysique[3] et de littérature.

---

1. *Colomba* : nouvelle de Prosper Mérimée (1803-1870), écrivain français ; **Maupassant**
(1850-1893) : écrivain français auteur de nouvelles réalistes et fantastiques.
2. Refrain d'une chanson populaire.
3. Métaphysique : réflexion sur les raisons d'être du monde et de l'être humain.

Tout le temps que j'ai écrit, je corrigeais aussi des devoirs, je fournissais des modèles de dissertation, parce que je suis payée pour cela. Ce jeu des idées me causait la même impression que le *luxe*, sentiment d'irréalité, envie de pleurer.

1585 Au mois d'octobre l'année dernière, j'ai reconnu, dans la caissière de la file où j'attendais avec mon caddie, une ancienne élève. C'est-à-dire que je me suis souvenue qu'elle avait été mon élève cinq ou six ans plus tôt. Je ne savais plus son nom, ni dans quelle classe je l'avais eue. Pour dire quelque chose, quand mon
1590 tour est arrivé, je lui ai demandé : « Vous allez bien ? Vous vous plaisez ici ? » Elle a répondu oui oui. Puis après avoir enregistré des boîtes de conserve et des boissons, avec gêne : « Le C.E.T.[1], ça n'a pas marché. » Elle semblait penser que j'avais encore en mémoire son orientation. Mais j'avais oublié pourquoi elle avait
1595 été envoyée en C.E.T., et dans quelle branche. Je lui ai dit « au revoir ». Elle prenait déjà les courses suivantes de la main gauche et tapait sans regarder de la main droite.

novembre 1982 - juin 1983

---

1. **C.E.T.** : collège d'enseignement technique.

Un quiz pour commencer

Cochez les bonnes réponses.

1 *Quelle est l'activité favorite de la narratrice lorsqu'elle est adolescente ?*

- ☐ La peinture.
- ☐ Les sorties.
- ☐ La lecture.

2 *Pourquoi le père de la narratrice est-il gêné de parler de sa fille aux clients du café ?*

- ☐ Parce qu'elle ne veut pas épouser un ouvrier.
- ☐ Parce qu'elle fait des études et qu'elle ne gagne pas sa vie.
- ☐ Parce qu'elle n'aide pas au café.

3 *Quel bouleversement survient dans la vie du père ?*

- ☐ Il doit marcher avec une canne.
- ☐ On lui découvre une tumeur.
- ☐ Il se casse une jambe et ne peut plus servir au café.

4 *Quelles études la narratrice poursuit-elle ?*

- ☐ Des études d'espagnol.
- ☐ Des études de mathématiques.
- ☐ Des études de lettres.

5 *Comment le père réagit-il lorsque la narratrice sort avec ses amies ?*

- ☐ Il la punit.
- ☐ Il approuve sa conduite.
- ☐ Il ne lui adresse plus la parole.

6 *Où la narratrice et son époux partent-ils s'installer ?*

- ☐ À Paris.
- ☐ Dans les Alpes.
- ☐ Dans le sud de la France.

7 *Comment les parents se comportent-ils lors des visites de leur fille ?*

- ☐ Ils sont gênés.
- ☐ Ils l'incitent à repartir au plus vite.
- ☐ Ils lui reprochent de ne pas être venue avec son époux.

8 *Qu'est devenu le café après la mort du père ?*

- ☐ La mère a continué d'y travailler.
- ☐ Il a été vendu pour en faire une maison particulière.
- ☐ Il a été transformé en musée en hommage à Annie Ernaux.

Des questions pour aller plus loin

→ *Analyser la fin du récit*

La fin de l'histoire du père

1 Relevez des expressions du texte qui montrent le vieillissement du père d'un point de vue physique.

2 Quelles manies le père de la narratrice développe-t-il en vieillissant ?

3 Pourquoi le père de la narratrice ne cherche-t-il pas à faire prospérer davantage son commerce ?

4 La vie du père de la narratrice est-elle racontée suivant un ordre chronologique ? Justifiez votre réponse en reprenant les différentes étapes du récit depuis le début.

La fin d'une relation

5 Pourquoi le père se sent-il gêné que sa fille ne travaille pas encore à dix-sept ans ? Relevez trois expressions qui le montrent (p. 70-71).

6 En vous appuyant sur quelques citations, montrez que la question du travail et des études révèle particulièrement le décalage entre le père et sa fille.

7 Récapitulez toutes les raisons pour lesquelles l'incompréhension grandit entre la narratrice et son père.

8 Pourquoi peut-on dire que l'arrivée du gendre dans la famille creuse définitivement le fossé entre le père et la fille ?

9 Relevez des exemples qui montrent la maladresse des parents lors des séjours en Normandie de leur fille devenue adulte.

La fin d'un récit de soi

10 À quelle classe sociale la narratrice a-t-elle accédé ? Quelles sont les différentes étapes de cette accession ?

11 « J'ai fini de mettre au jour l'héritage que j'ai dû déposer au seuil du monde bourgeois et cultivé quand j'y suis entrée » (p. 88, l. 1555-1556) : comment comprenez-vous cette phrase ? Finalement, de qui la narratrice a-t-elle raconté l'histoire et les origines ?

La fin de l'écriture du livre

12 Repérez les paragraphes où la narratrice revient au temps de l'écriture. Quel est l'effet produit ?

13 Pourquoi peut-on dire que le récit est pour la narratrice une façon de racheter son comportement envers son père ? Appuyez-vous sur des expressions du texte, sur les blancs laissés entre les paragraphes et sur l'épigraphe (p. 9).

14 Ce récit personnel peut-il avoir une dimension universelle ? Citez des expressions du texte (p. 82, l. 1378-1383) pour justifier votre réponse.

15 Selon vous, que cherche à montrer la narratrice en racontant, pour clore le récit, l'anecdote de son ancienne élève devenue caissière ? Pour répondre, tenez compte de la situation sociale et professionnelle dans laquelle se trouvent chacune des deux protagonistes.

✔ *Rappelez-vous!*

La **fin du récit** se présente à la fois comme une **conclusion sur la vie du père** et comme un **bilan sur l'expérience d'écriture**. Écrire sur son père a permis à la narratrice de **réparer la distance** qui s'était instaurée entre eux, mais aussi de **mettre au jour l'héritage populaire**, jusque-là négligé, du milieu dont elle est issue, et qui a contribué à construire son identité.

De la lecture à l'expression orale et écrite

💬✏ *Des mots pour mieux s'exprimer*

1 *Complétez les phrases suivantes avec les mots qui conviennent, et accordez-les ou conjuguez-les si nécessaire:*

| Acrimonieux | Colère | Dispute | Houspiller | Rictus |

a. Une violente _____ a éclaté entre Marie et Pierre.

b. Le professeur est entré dans une _____ noire, car aucun élève n'avait fait son travail.

c. Il était effrayant : son visage était marqué par un _____ de haine.

d. Julien s'est fait _____ par son père car il n'avait pas rangé sa chambre.

e. Fâché contre moi, il a déversé un flot de paroles _____ sur mon compte.

2 a. *Quels sont les deux principaux sens du mot* gêne *?*
Cherchez un synonyme et un antonyme pour
chacun de ces sens.
b. *Employez chacun de ces mots dans une phrase*
qui en éclairera le sens.

🎤 *La parole est à vous*

3 *Est-ce facile de changer de statut social lorsqu'on grandit*
dans une famille très modeste ? Débattez de cette question
en classe.

Consignes. Répartissez-vous en deux groupes selon le point de
vue que vous défendez, préparez quelques arguments et intervenez
à tour de rôle, en respectant la prise de parole de vos camarades
et en vous appuyant sur leurs interventions pour avancer vos idées
(« certes tu penses que, mais moi… »; « contrairement à ce que dit…,
je pense que… »).

4 *Faites le portrait d'une personne de votre famille à laquelle*
vous tenez et dont vous voulez prouver la valeur.

Consignes. Prenez cinq minutes pour ordonner, au brouillon,
le portrait que vous allez brosser, en séparant les éléments de
description physique et de description morale de la personne
évoquée.

✍️ *À vous d'écrire*

5 *Devenu(e) adulte, vous écrivez une lettre à un de vos*
parents pour le remercier de vous avoir incité(e) à réussir vos
études, ou de vous avoir laissé choisir librement votre avenir.

Consignes. Votre lettre, d'une trentaine de lignes, respectera
les règles de présentation d'un courrier personnel.

6 *Écrivez deux portraits qui se répondent: le premier décrira la narratrice vue par son père, le second présentera le père vu par la mère.*

Consignes. Respectez le point de vue du personnage narrateur. Pour rédiger ces deux textes, appuyez-vous sur les indications données par le récit. Vous pouvez utiliser des expressions des parents citées par la narratrice. Chacun de ces portraits fera environ quinze lignes.

Du texte à l'image

Édouard Boubat, *Rendez-vous au Café La Vache noire*, 1957.
➡ **Image reproduite en couverture.**

👁 *Lire l'image*

1 Décrivez la photographie de manière organisée. Quelle est la particularité technique de ce cliché?

2 Quels éléments font de cette photographie une scène de vie quotidienne en ville?

3 Quelle impression la jeune fille donne-t-elle? Montrez qu'elle paraît être en décalage avec ce qui l'entoure.

📄 *Comparer le texte et l'image*

4 Pourquoi la jeune fille photographiée ici peut-elle faire penser à la narratrice de *La Place*?

5 Identifiez les points communs entre le récit d'Annie Ernaux et cette photographie. Appuyez-vous sur le cadre de la photographie et sur l'attitude des personnes présentes.

À *vous de créer*

6 Prenez une photographie de vous ou d'un(e) de vos ami(e)s dans une situation similaire à celle de la jeune fille, qui regarde par la vitrine d'un commerce. Dans un court paragraphe, comparez ensuite les deux photographies afin de souligner les différences entre les deux époques.

7 Créez une planche de bande dessinée en noir et blanc, dans laquelle vous raconterez un souvenir d'enfance qui vous a marqué(e). Vous dessinerez au moins neuf cases et exprimerez dans des bulles les pensées ou les paroles des personnages.

Arrêt sur l'œuvre

Des questions sur l'ensemble du roman

Un portrait du père

1 Que choisit de dire la narratrice afin de faire de son père le portrait le plus proche possible de la réalité ?

2 Quelles marques d'affection de la fille envers le père, et du père envers la fille, pouvez-vous relever ?

3 Comment pourriez-vous caractériser les différents tons adoptés par la narratrice pour évoquer la figure paternelle ?

Du récit personnel au témoignage universel

4 Montrez que *La Place* constitue un document sur le monde des petits commerçants.

5 En quoi le récit se présente-t-il comme un témoignage sur une époque passée et sur les changements qui l'ont transformée ?

6 Quelle thématique du récit peut être commune à d'autres époques?

7 En quoi chaque lecteur peut-il trouver un écho à son histoire personnelle dans *La Place*?

L'écriture d'un récit autobiographique

8 🖱 Sur Internet, faites une recherche biographique sur Annie Ernaux. Comparez ses origines et sa vie à celles de la narratrice: que remarquez-vous? Que peut-on en déduire sur le genre du récit?

9 À plusieurs reprises, la narratrice évoque des photographies de famille: quel rôle jouent-elles dans la construction du récit?

10 Récapitulez les motivations qui amènent la narratrice à raconter la vie de son père.

11 Annie Ernaux a qualifié son écriture de «plate»: récapitulez toutes les caractéristiques de cette écriture et relevez un exemple pour chacune d'elles.

Des mots pour mieux s'exprimer

Lexique de la gêne

Déplacé : qui n'est pas conforme aux usages sociaux.
Gêné : embarrassé, troublé, en proie au malaise ; dans une situation pénible due au manque d'argent.
Honte : sentiment de gêne ou d'abaissement, ressenti dans une situation qui porte atteinte à sa personne.
Humiliation : atteinte à la fierté, à la dignité, qui blesse l'amour-propre.

Impair : maladresse.
Indélicat : qui manque de tact.
Indignité : acte odieux, méprisable moralement.
Laisser-aller : manque de rigueur, négligence dans l'attitude ou les propos.
Raideur : manque d'aisance, de souplesse dans l'attitude.
Résignation : fait de supporter sans protester quelque chose de pénible.

Complétez les phrases suivantes à l'aide des mots du lexique de la gêne.

a. En arrivant chez son amie, héritière d'une famille aristocratique, Paul s'est senti _____.
b. Constatant que l'équipe adverse était beaucoup plus forte, les joueurs ont accepté la défaite avec _____.
c. Les professeurs lui ont reproché son _____ : il venait sans ses affaires et ne faisait pas ses devoirs.
d. Gare à ne pas commettre d'_____ en allant lui rendre visite : elle vient de perdre un proche.
e. Vous moquer ainsi de vos camarades est une véritable _____ !
f. Intervenir sans y avoir été invité en pleine réunion était vraiment _____ de votre part.

Lexique du milieu social

Aisance : situation assurant une vie matérielle confortable.

Bonnes manières : comportement poli et respectueux des usages de la société.

Bourgeoisie : catégorie sociale à laquelle appartiennent les personnes ayant une vie aisée et n'exerçant pas de métier manuel.

Cadre : salarié qui exerce des fonctions de direction ou de commandement et assure des responsabilités ; il se distingue des ouvriers et des employés.

Classes moyennes : ensemble des couches sociales regroupant notamment les professions intermédiaires venant du secteur secondaire (artisans...) ou tertiaire (employés, petits commerçants, cadres d'entreprise...) qui ont un niveau de vie jugé moyen.

Haut placé : qui a des fonctions hiérarchiques importantes.

Misère : état d'extrême pauvreté.

Ouvrier : travailleur manuel ayant des fonctions de production dans une entreprise.

Péquenot (ou péquenaud) : rustre, paysan (familier).

Petit-bourgeois : personne appartenant à la bourgeoisie et qui manque d'ambition ou d'ouverture d'esprit.

Populaire : qui vient du peuple, qui s'adresse au peuple.

Privilégié : qui a des avantages, de la chance par rapport aux autres.

Prolétariat : ensemble de salariés mal considérés et aux revenus modestes.

Se croire : avoir une image de soi excessivement positive.

Situation : place acquise dans la société grâce à un emploi rémunéré et stable.

Mots cachés

Retrouvez les mots du lexique du milieu social (à l'exception des expressions et des mots composés) dans la grille suivante. Les mots peuvent être écrits horizontalement, verticalement ou en diagonale.

A	B	O	N	C	Q	L	S	I	T	U	A	T	I	O	N
S	O	I	A	R	U	E	R	O	U	V	R	I	E	R	A
T	T	D	R	D	É	V	A	T	H	A	N	B	È	F	T
I	R	A	A	A	D	I	R	E	M	È	R	R	O	N	E
E	R	N	P	R	O	L	É	T	A	R	I	A	T	L	I
C	I	U	E	B	O	G	N	O	N	P	L	E	I	P	R
P	C	H	R	Y	D	O	S	O	M	E	G	A	Z	É	E
R	S	B	O	U	R	G	E	O	I	S	I	E	W	Q	Y
I	A	M	N	D	R	I	H	A	Y	I	P	I	Q	U	E
V	N	A	È	G	W	C	E	L	T	S	T	È	D	E	O
I	E	K	L	I	N	C	I	L	E	P	O	T	I	N	U
L	L	B	U	L	N	C	E	R	N	A	H	L	L	O	T
É	L	U	C	A	P	U	È	T	O	C	U	P	P	T	R
G	C	R	S	I	M	S	L	U	I	R	E	A	V	T	U
I	É	I	R	R	I	A	R	B	T	A	B	A	N	E	M
É	A	S	È	M	N	C	P	O	P	U	L	A	I	R	E
E	O	T	I	E	L	L	É	R	M	O	D	É	R	A	V

103

À vous de créer

1 🖰 *Créer un album de famille*
Créez un album à partir de photographies de votre famille.

Étape 1. Recherches
Collectez des photographies de votre famille, depuis la génération de vos grands-parents ou arrière-grands-parents jusqu'à la vôtre. Numérisez ces photographies à l'aide d'un scanner.

Étape 2. Création de l'album
En salle informatique, créez un album numérique dont la première page sera un arbre généalogique de votre famille. Au fil des pages, vous dévoilerez les membres de votre famille, en attribuant une légende à chaque photographie.

Étape 3. Partage
Envoyez cet album à tous les membres de votre famille qui y apparaissent, puis collectez leurs impressions.

2 (EPI) *Imaginer la page Facebook d'Annie Ernaux adolescente*

- **Disciplines croisées**: Français, Technologie.
- **Thématique**: Information, communication et citoyenneté.

Vous allez créer une page Facebook fictive qui pourrait être celle d'Annie Ernaux lorsqu'elle était adolescente.

Étape 1. Création du compte

En cours de Technologie, par groupes de trois à quatre élèves, inventez le nom de la propriétaire du compte en formant une anagramme à partir des lettres du nom d'Annie Ernaux.

Puis, en salle informatique, créez un compte Facebook fictif à ce nom.

Étape 2. Création du contenu

Renseignez les rubriques «informations» à partir d'une synthèse de votre lecture du roman faite en cours de Français. La jeune fille pourra mentionner les parents, les amis, les études, les sorties... Veillez à respecter les indications données par le texte sur le caractère et les goûts de la narratrice.

Étape 3. Partage

Organisez le réseau d'amis afin de partager la réalisation des autres groupes d'élèves. Vous pouvez commenter leur travail sur leur «mur». Votre professeur de Technologie sera le modérateur.

Groupements de textes

Groupement 1
La figure du père

Franz Kafka, *Lettre au père*

Originaire de Prague, Franz Kafka (1883-1924) a connu la célébrité grâce à une nouvelle fantastique, *La Métamorphose*. Ayant eu des relations difficiles avec son père, il lui adresse en 1919 cette longue lettre, dans laquelle il lui reproche son intolérance, sa brutalité, son éducation stricte, la peur qu'il inspirait à tous les membres de la famille. Long réquisitoire contre la figure paternelle, cette lettre n'est jamais parvenue à son destinataire.

Étant enfant, je te voyais surtout aux repas et la plus grande partie de ton enseignement consistait à m'instruire dans la manière de se conduire convenablement à table. [...] On n'avait pas le droit de ronger les os, toi, tu l'avais. On n'avait pas le droit
5 de laper le vinaigre, toi, tu l'avais. L'essentiel était de couper le pain droit, mais il était indifférent que tu le fisses avec un couteau dégoûtant de sauce. Il fallait veiller à ce qu'aucune miette ne tombât à terre, c'était finalement sous ta place qu'il y en avait le plus. À table on ne devait s'occuper que de manger, mais toi,
10 tu te curais les ongles, tu te les coupais, tu taillais tes crayons,

tu te nettoyais les oreilles avec un cure-dent. Je t'en prie, père, comprends-moi bien, toutes ces choses étaient des détails sans importance, elles ne devenaient accablantes pour moi que dans la mesure où toi, qui faisais si prodigieusement autorité à mes
15 yeux, tu ne respectais pas les ordres que tu m'imposais. Il s'ensuivit que le monde se trouva partagé en trois parties : l'une, celle où je vivais en esclave, soumis à des lois qui n'avaient été inventées que pour moi et auxquelles par-dessus le marché je ne pouvais jamais satisfaire entièrement, sans savoir pourquoi ; une
20 autre, qui m'était infiniment lointaine, dans laquelle tu vivais, occupé à gouverner, à donner des ordres, et à t'irriter[1] parce qu'ils n'étaient pas suivis ; une troisième, enfin, où le reste des gens vivait heureux, exempt[2] d'ordres et d'obéissance. J'étais constamment plongé dans la honte, car, ou bien j'obéissais à tes
25 ordres et c'était honteux puisqu'ils n'étaient valables que pour moi ; ou bien je te défiais et c'était encore honteux, car comment pouvais-je me permettre de te défier ! ou bien je ne pouvais pas obéir parce que je ne possédais ni ta force, ni ton appétit, ni ton adresse – et c'était là en vérité la pire des hontes. C'est ainsi que se
30 mouvaient, non pas les réflexions, mais les sentiments de l'enfant.

Franz Kafka, *Lettre au père* [1919], trad. de l'allemand par M. Robert, Gallimard, « Folioplus classiques », 2010.

Colette, *Sido*

Ayant quitté sa Bourgogne natale après son mariage pour rejoindre Paris, Sidonie Gabrielle Colette, dite Colette (1873-1954) s'est fait connaître avec la série des *Claudine*. Dans *Sido*, elle retrace son histoire et celle de ses parents : sa mère, Sido, et son père, qu'elle appelle le Capitaine. Ce dernier, grand lecteur, s'attache à transmettre à sa fille le goût de la lecture et celui de l'écriture.

Derrière ces évidences aveuglantes, un caractère d'homme n'apparaissait que par échappées. Enfant, qu'ai-je su de lui ? Qu'il

---

1. T'irriter : être agacé, te fâcher.
2. Exempt : dispensé.

construisait pour moi, à ravir, des «maisons de hannetons[1]» avec fenêtres et portes vitrées, et aussi des bateaux. Qu'il chantait. Qu'il
5 dispensait[2] – et cachait – les crayons de couleur, le papier blanc, les règles en palissandre[3], la poudre d'or, les larges pains à cacheter blancs que je mangeais à poignées… Qu'il nageait, avec sa jambe unique, plus vite et mieux que ses rivaux à quatre membres…

Mais je savais aussi qu'il ne s'intéressait pas beaucoup, en appa-
10 rence du moins, à ses enfants. J'écris «en apparence». La timi-dité étrange des pères, dans leurs rapports avec leurs enfants, m'a donné, depuis, beaucoup à penser. Les deux aînés de ma mère, fille et garçon, issus d'un premier mariage, – celle-là égarée dans le roman, à peine présente, habitée par les fantômes littéraires
15 des héros; celui-ci altier[4], tendre en secret – l'ont gêné.

[…]

C'est à moi qu'il accorda le plus d'importance. J'étais encore petite quand mon père commença d'en appeler à mon sens cri-tique. Plus tard, je me montrai, Dieu merci, moins précoce. Mais quelle intransigeance, je m'en souviens, chez ce juge de dix ans…
20 «Écoute ça», me disait mon père.

J'écoutais, sévère. Il s'agissait d'un beau morceau de prose ora-toire, ou d'une ode, vers faciles, fastueux[5] par le rythme, par la rime, sonores comme un orage de montagne…

«Hein? interrogeait mon père. Je crois que cette fois-ci!… Eh
25 bien, parle!

[…]

– Toujours trop d'adjectifs!»

Alors mon père éclatait, écrasait d'invectives[6] la poussière, la vermine, le pou vaniteux que j'étais. Mais la vermine, impertur-bable, ajoutait:
30 «Je te l'avais déjà dit la semaine dernière, pour l'*Ode à Paul Bert*. Trop d'adjectifs!»

---

1. **Hannetons**: gros insectes volants.
2. **Dispensait**: fournissait.
3. **Palissandre**: bois exotique.
4. **Altier**: arrogant, fier.
5. **Prose oratoire**: discours destiné à être dit à voix haute; **ode**: poème lyrique; **fastueux**: très travaillés, avec beaucoup d'effets.
6. **Invectives**: injures.

Il devait, derrière moi, rire, et peut-être s'enorgueillir… Mais au premier moment nous nous toisions[1] en égaux, et déjà confraternels. C'est lui, à n'en pas douter, c'est lui qui me domine quand
35 la musique, un spectacle de danse – et non les mots, jamais les mots ! – mouillent mes yeux. C'est lui qui se voulait faire jour, et revivre quand je commençai, obscurément, d'écrire, et qui me valut le plus acide éloge, – le plus utile à coup sûr :

« Aurais-je épousé la dernière des lyriques[2] ? »

Colette, *Sido* [1929], LGF, « Le livre de poche », 2003.
© Fayard.

Didier Eribon, *Retour à Reims*

Dans *Retour à Reims*, Didier Eribon (né en 1953) écrit sur ses origines populaires, après le décès de son père. Il évoque l'histoire de sa famille, en s'interrogeant également sur son propre parcours. L'auteur analyse ici le déterminisme social qu'a subi son père. Il décrit la déscolarisation précoce, phénomène répandu dans les milieux ouvriers.

À cette époque, mon père était ouvrier – au plus bas de l'échelle ouvrière – depuis longtemps déjà. Il n'avait pas encore 14 ans (puisque l'école s'arrêtait fin juin, il commença à travailler aussitôt, et il n'eut 14 ans que trois mois plus tard) quand il était
5 entré dans ce qui allait constituer le décor de sa vie et le seul horizon qui puisse s'offrir à lui. L'usine l'attendait. Elle était là pour lui ; il était là pour elle. Comme elle attendait ses frères et ses sœurs, qui l'y suivraient. Comme elle attendait et attend toujours ceux qui naissaient et naissent dans des familles sociale-
10 ment identiques à la sienne. Le déterminisme social[3] exerça son emprise sur lui dès sa naissance. Il n'échappa pas à ce à quoi il était promis par toutes les lois, tous les mécanismes de ce que l'on ne peut appeler autrement que la « reproduction ».

---

1. **Nous nous toisions** : nous nous dévisagions.
2. **Lyriques** : personnes qui aiment l'abondance de paroles exprimant les sentiments.
3. **Déterminisme social** : fait qu'un individu soit déterminé par son statut social (paysan, ouvrier, cadre supérieur, intellectuel…) à agir et à penser de telle ou telle façon.

Les études de mon père n'allèrent donc pas au-delà de l'école
15 primaire. Nul n'y aurait songé, d'ailleurs. Ni ses parents ni lui-
même. Dans son milieu, on allait à l'école jusqu'à 14 ans, puisque
c'était obligatoire, et on quittait l'école à 14 ans, puisque ça ne
l'était plus. C'était ainsi. Sortir du système scolaire n'apparaissait
pas comme un scandale. Au contraire ! Je me souviens que l'on
20 s'indigna beaucoup dans ma famille quand la scolarité fut rendue
obligatoire jusqu'à 16 : « À quoi ça sert d'obliger des enfants à
continuer l'école si ça ne leur plaît pas, alors qu'ils préféreraient
travailler ? » répétait-on, sans jamais s'interroger sur la distribu-
tion différentielle de ce « goût » ou de cette « absence de goût »
25 pour les études.

Didier Eribon, *Retour à Reims*, Fayard, 2009.

Nathalie Sarraute, *Enfance*

**Séparée de son père très jeune, après le divorce de ses parents,
Natacha, le vrai prénom de Nathalie Sarraute (1900-1999) se réjouit
des rares moments passés avec lui, notamment lorsqu'il vient lui rendre
visite à Paris. Dans son autobiographie, elle opère un dédoublement
entre l'écrivaine qui raconte ses souvenirs et la narratrice.**

Tout est gris, l'air, le ciel, les allées, les vastes espaces pelés,
les branches dénudées des arbres. Il me semble que nous nous
taisons. En tout cas, de ce qui a pu être dit ne sont restés que
ces mots que j'entends encore très distinctement : « Est-ce que
5 tu m'aimes, papa ?… » dans le ton rien d'anxieux, mais quelque
chose plutôt qui se veut malicieux… il n'est pas possible que je
lui pose cette question d'un air sérieux, que j'emploie ce mot « tu
m'aimes » autrement que pour rire… il déteste trop ce genre de
mots, et dans la bouche d'un enfant…
10   — Tu le sentais vraiment déjà à cet âge ?
    — Oui, aussi fort, peut-être plus fort que je ne l'aurais senti
maintenant… ce sont des choses que les enfants perçoivent mieux
encore que les adultes.
    Je savais que ces mots « tu m'aimes », « je t'aime » étaient de
15 ceux qui le feraient se rétracter, feraient reculer, se terrer encore

plus loin au fond de lui ce qui était enfoui… Et en effet, il y a
de la désapprobation dans sa moue, dans sa voix… « Pourquoi
me demandes-tu ça ? » Toujours avec une nuance d'amusement…
parce que cela m'amuse et aussi pour empêcher qu'il me repousse
20 d'un air mécontent, « Ne dis donc pas de bêtises »… j'insiste : Est-
ce que tu m'aimes, dis-le-moi. – Mais tu le sais… – Mais je voudrais que tu me le dises. Dis-le, papa, tu m'aimes ou non ?… sur
un ton, cette fois, comminatoire et solennel qui lui fait pressentir
ce qui va suivre et l'incite à laisser sortir, c'est juste pour jouer,
25 c'est juste pour rire… ces mots ridicules, indécents : « Mais oui,
mon petit bêta, *je t'aime.* »

Alors il est récompensé d'avoir accepté de jouer à mon jeu…
« Eh bien, puisque tu m'aimes, tu vas me donner… » tu vois, je
n'ai pas songé un instant à t'obliger à t'ouvrir complètement,
30 à étaler ce qui t'emplit, ce que tu retiens, ce à quoi tu ne per-
mets de s'échapper que par bribes, par bouffées, tu pourras en
laisser sourdre un tout petit peu… « Tu vas me donner un de
ces ballons… – Mais où en vois-tu ? – Là-bas… il y en a dans ce
kiosque… »

35 Et je suis satisfaite, j'ai pu le taquiner un peu et puis le
rassurer… et recevoir ce gage, ce joli trophée que j'emporte, flot-
tant tout bleu et brillant au-dessus de ma tête, retenu par un long
fil attaché à mon poignet.

Nathalie Sarraute, Enfance [1983], Gallimard, «Folio», 2011.

Daniel Pennac, *Chagrin d'école*

Contrairement à ce que sa brillante carrière d'écrivain et son premier métier de professeur de français pourraient le laisser penser, Daniel Pennac (né en 1944) fut un élève en grande difficulté, qu'il qualifie lui-même de cancre. C'est avec une tendresse ironique que son père évoquait ses difficultés…

Donc, j'étais un mauvais élève. Chaque soir de mon enfance,
je rentrais à la maison poursuivi par l'école. Mes carnets disaient
la réprobation de mes maîtres. Quand je n'étais pas le dernier
de ma classe, c'est que j'en étais l'avant-dernier. (Champagne !)

5 Fermé à l'arithmétique d'abord, aux mathématiques ensuite, profondément dysorthographique, rétif à la mémorisation des dates et à la localisation des lieux géographiques, inapte à l'apprentissage des langues étrangères, réputé paresseux (leçons non apprises, travail non fait), je rapportais à la maison des résultats
10 pitoyables que ne rachetaient ni la musique, ni le sport, ni d'ailleurs aucune activité parascolaire.

« Tu comprends ? Est-ce que seulement tu comprends ce que je t'explique ? »

Je ne comprenais pas. Cette inaptitude à comprendre remon-
15 tait si loin dans mon enfance que la famille avait imaginé une légende pour en dater les origines : mon apprentissage de l'alphabet. J'ai toujours entendu dire qu'il m'avait fallu une année entière pour retenir la lettre a. La lettre a, en un an. Le désert de mon ignorance commençait au-delà de l'infranchissable b.

20 « Pas de panique, dans vingt-six ans il possédera parfaitement son alphabet. »

Ainsi ironisait mon père pour distraire ses propres craintes. Bien des années plus tard, comme je redoublais ma terminale à la poursuite d'un baccalauréat qui m'échappait obstinément, il
25 aura cette formule :

« Ne t'inquiète pas, même pour le bac on finit par acquérir des automatismes... »

Ou, en septembre 1968, ma licence de lettres enfin en poche :

« Il t'aura fallu une révolution pour la licence, doit-on craindre
30 une guerre mondiale pour l'agrégation ? » Cela dit sans méchanceté particulière. C'était notre forme de connivence[1]. Nous avons assez vite choisi de sourire, mon père et moi.

Daniel Pennac, *Chagrin d'école*, Éditions Gallimard, 2007.

_____

1. Connivence : complicité.

112

L'ascension sociale

Charles Dickens, *De grandes espérances*

Dans *De grandes espérances*, le romancier anglais Charles Dickens (1812-1870), raconte l'ascension du jeune Pip. Apprenti sans grand avenir, le jeune homme se voit offrir une situation confortable de rentier par un bienfaiteur resté anonyme. Pour parfaire ce changement radical, Pip se rend à Londres afin d'y recevoir l'éducation d'un gentleman, et renie au fil des années ses amis et ses origines modestes.

« Maintenant, revenons à ce jeune homme et à la communication que j'ai à vous faire. Il a de grandes espérances. »

Joe et moi nous ouvrîmes la bouche et nous nous regardâmes l'un l'autre.

5 « Je suis chargé de lui apprendre, dit Mr Jaggers en jetant son doigt de mon côté, qu'il va bientôt jouir d'une coquette fortune ; de plus, que c'est le désir du possesseur actuel de ladite fortune qu'il soit sur-le-champ extrait de sa présente sphère de vie et de ce lieu-ci pour être élevé en gentleman – disons en jeune homme
10 qui a de grandes espérances. »

Mon rêve était éclos ; les folles fantaisies de mon imagination étaient dépassées par la sobre réalité ; Miss Havisham se chargeait de ma fortune sur une grande échelle.

« Maintenant, Mr Pip, poursuivit l'homme de loi, c'est à vous
15 que j'adresse ce qui me reste à dire. *Primo*, vous saurez que la personne qui m'a donné mes instructions exige que vous portiez toujours le nom de Pip. Vous n'avez nulle objection, je pense, à faire ce menu sacrifice à vos grandes espérances. Mais si vous voyez quelques objections, c'est maintenant qu'il faut les faire. »

20 Mon cœur battait si vite et les oreilles me tintaient si fort, que c'est à peine si je pus bégayer que je n'avais aucune objection.

« Le contraire m'eût étonné ! *Secundo*, Mr Pip, vous saurez que le nom de la personne qui est votre généreux bienfaiteur doit rester un profond secret jusqu'à ce qu'il plaise à cette personne
25 de le révéler. Je suis à même de vous dire que cette personne se

réserve de vous dévoiler ce mystère de sa propre bouche, à la première occasion. Quand et où ladite envie lui prendra-t-elle ? je ne saurais le dire, ni personne non plus. Dans des années qui sait. »

Charles Dickens, *De grandes espérances* [1861], trad. de l'anglais par Ch. Bernard-Desrone, revu par J.-P. Naugrette, LGF, « Le livre de poche », 1998.

Émile Zola, *Nantas*

Nouvelle réaliste d'Émile Zola (1840-1902), *Nantas* met en scène un jeune provincial décidé à faire fortune à Paris. Il vit d'abord dans une épouvantable misère, au point qu'il décide de mettre fin à ses jours. C'est à ce moment qu'une jeune femme riche, enceinte d'un autre homme, lui propose un marché pour sauver sa réputation : l'épouser et prétendre être le père de l'enfant en échange de sa fortune. Au fil des années, Nantas s'est enrichi et est devenu un notable respecté.

Dix années s'étaient écoulées. Un matin, Nantas se trouvait dans le cabinet où le baron Danvilliers l'avait autrefois si rudement accueilli, lors de leur première entrevue. Maintenant, ce cabinet était le sien ; le baron, après s'être réconcilié avec sa fille
5 et son gendre, leur avait abandonné l'hôtel, en ne se réservant qu'un pavillon situé à l'autre bout du jardin, sur la rue de Beaune. En dix ans, Nantas venait de conquérir une des plus hautes situations financières et industrielles. Mêlé à toutes les grandes entreprises de chemins de fer, lancé dans toutes les spéculations[1] sur
10 les terrains qui signalèrent les premières années de l'Empire[2], il avait réalisé rapidement une fortune immense. Mais son ambition ne se bornait pas là, il voulait jouer un rôle politique, et il avait réussi à se faire nommer député, dans un département où il possédait plusieurs fermes. Dès son arrivée au Corps législatif,
15 il s'était posé en futur ministre des Finances. Par ses connaissances spéciales et sa facilité de parole, il y prenait de jour en

---

1. Spéculations : opérations financières destinées à gagner de l'argent en achetant puis en revendant des biens.
2. Empire : Second Empire, système politique instauré en France par Napoléon III de 1852 à 1870.

jour une place plus importante. Du reste, il montrait adroitement un dévouement absolu à l'Empire, tout en ayant en matière de finances des théories personnelles, qui faisaient grand bruit et
20 qu'il savait préoccuper beaucoup l'empereur.

Émile Zola, *Nantas* [1879], LGF, « Le livre de poche », 2011.

Guy de Maupassant, *Bel-Ami*

Fameux pour ses nouvelles, Guy de Maupassant (1850-1893) a également rédigé des romans. *Bel-Ami* retrace l'ascension sociale de Georges Duroy, jeune provincial sans argent qui devient journaliste. Duroy se fait rapidement une place dans le milieu journalistique et une réputation de séducteur. Son ambition dévorante lui promet encore des triomphes à venir.

Groupements de textes

Quand le jeune homme entra chez lui, il songea : « Il faut que je change de logement. Cela ne me suffit plus maintenant. » Il se sentait nerveux et gai, capable de courir sur les toits, et il répétait tout haut, en allant de son lit à la fenêtre : « C'est la fortune qui
5 arrive ! c'est la fortune ! Il faudra que j'écrive à papa. »
   […]
   Il se répétait, en nouant sa cravate blanche devant sa petite glace : « Il faut que j'écrive à papa dès demain. S'il me voyait, ce soir, dans la maison où je vais, serait-il épaté, le vieux ! Sacristi, je ferai tout à l'heure un dîner comme il n'en a jamais fait. » Et il
10 revit brusquement la cuisine noire de là-bas, derrière la salle de café vide, les casseroles jetant des lueurs jaunes le long des murs, le chat dans la cheminée, le nez au feu, avec sa pause de Chimère[1] accroupie, la table de bois graissée par le temps et par les liquides répandus, une soupière fumant au milieu, et une chandelle
15 allumée entre deux assiettes. Et il les aperçut aussi l'homme et la femme, le père et la mère, les deux paysans aux gestes lents, mangeant la soupe à petites gorgées. Il connaissait les moindres plis de leurs vieilles figures, les moindres mouvements de leurs

---

1. Chimère : dans la mythologie grecque, créature à tête de lion.

bras et de leur tête. Il savait même ce qu'ils se disaient, chaque
20 soir, en soupant face à face.

Il pensa encore : « Il faudra pourtant que je finisse par aller les
voir. » Mais comme sa toilette était terminée, il souffla sa lumière[1]
et descendit.

Le long du boulevard extérieur, des filles l'accostèrent. Il
25 leur répondait en dégageant son bras : « Fichez-moi donc la
paix ! », avec un dédain violent, comme si elles l'eussent insulté,
méconnu… Pour qui le prenaient-elles ? Ces rouleuses-là[2] ne
savaient donc point distinguer les hommes ? La sensation de son
habit noir endossé pour aller dîner chez des gens très riches, très
30 connus, très importants lui donnait le sentiment d'une personnalité nouvelle, la conscience d'être devenu un autre homme, un
homme du monde, du vrai monde.

Guy de Maupassant, *Bel-Ami* [1885], Belin-Gallimard, « Classico », 2009.

Anton Tchekhov, *La Cerisaie*

Dans cette pièce de théâtre, le dramaturge russe Anton Tchekhov
(1860-1904) souligne l'écart entre la vieille noblesse rentière et la
classe marchande émergente. Lioubov, une aristocrate désargentée,
doit vendre sa propriété, la Cerisaie. C'est Ermolaï Lopakhine, le petit-
fils parvenu d'un ancien serf de la Cerisaie, qui se porte acquéreur. Il
a alors l'intention de faire détruire la maison pour bâtir à sa place des
lotissements à louer.

LOPAKHINE. – […] J'ai donné quatre-vingt-dix mille en plus de la
dette, et c'est moi qui l'ai eue. Maintenant, la Cerisaie est à moi !
(*Il éclate de rire.*) Mon Dieu, Mesdames et Messieurs, la Cerisaie est
à moi ! Dites-moi que je suis soûl, que j'ai perdu la raison, que tout
5 n'est que dans mon imagination… (*Il trépigne.*) Ne vous moquez
pas de moi ! Si mon père et mon grand-père pouvaient sortir de
leur tombe et s'ils pouvaient voir tout ce qui s'est passé, comment
leur Ermolaï, cet Ermolaï illettré que l'on battait et qui courait

---

1. Il souffla sa lumière : il éteignit sa bougie.
2. Ces rouleuses-là : ces prostituées.

nu-pieds l'hiver, comment cet Ermolaï a acheté cette propriété,
10 la plus belle au monde. J'ai acheté la propriété où mon père et
mon grand-père étaient esclaves, là où on ne les laissait même
pas entrer dans la cuisine. Je dors, je rêve, je ne fais qu'imaginer tout ça... C'est le fruit de mon imagination, couvert par le
nuage de l'ignorance... (*Il ramasse les clefs, souriant gentiment*). Elle
15 a jeté les clefs, elle veut montrer qu'elle n'est plus la maîtresse
ici... (*Il fait sonner les clefs.*) Bon, peu importe. (*On entend l'orchestre
qui accorde les instruments.*) Hé ! les musiciens, jouez, je veux vous
entendre ! Venez tous regarder comment Ermolaï Lopakhine
attaque la Cerisaie avec la hache, comment les arbres tombent à
20 terre ! Nous construirons les résidences d'été et nos petits-enfants
et nos arrière-petits-enfants connaîtront une vie nouvelle, ici...
Musique, musique !

(*On entend la musique. L'orchestre joue. Lioubov Andréevna s'est laissée
tomber sur une chaise et pleure amèrement. Sur un ton de reproche.*)
25 Pourquoi, pourquoi ne m'avez-vous pas écouté ? Ma pauvre amie,
ma chère amie, il est trop tard à présent. (*À travers les larmes.*) Ah !
si tout cela pouvait passer très vite, si nous pouvions changer au
plus vite notre vie gâchée et malheureuse !

Anton Tchekhov, *La Cerisaie* [1904], acte III, trad. du russe par P. Pavis,
LGF, « Le livre de poche », 2010.

John Steinbeck, *La Perle*

L'histoire de *La Perle*, écrite par le romancier américain John Steinbeck
(1902-1968), n'est pas celle d'une ascension sociale réussie, mais plutôt
celle d'un espoir déçu. Le jour où Kino, un modeste pêcheur, récolte la
plus grosse perle qu'il ait jamais vue, il se met à rêver d'une autre vie
pour lui et pour sa famille.

La musique de la perle clamait triomphalement aux oreilles de
Kino. Juana releva la tête, les yeux agrandis d'admiration devant
le courage et l'imagination de son mari. Et maintenant que les
digues étaient rompues, une force électrisante l'empoigna. Dans
5 la perle, il vit Coyotito à l'école, assis devant son petit pupitre

– comme les enfants qu'il avait aperçus par une porte entrou-
verte. Et Kino portait un veston, un col blanc et une large cravate
de soie. Et qui plus est, Coyotito écrivait sur une grande feuille
de papier. Kino regarda les voisins d'un œil fulgurant. « Mon fils
10 ira à l'école », annonça-t-il à ses auditeurs abasourdis. Juana retint
son souffle. Ses yeux brillants étaient rivés sur le visage de son
mari ; elle les baissa une seconde sur Coyotito qui gisait dans ses
bras, comme pour s'assurer que la chose était possible.

Mais l'inspiration prophétique[1] illuminait maintenant le
15 visage de Kino. « Mon fils saura lire dans les livres. Mon fils saura
tracer les chiffres et tout cela nous rendra libres, car il aura la
connaissance des choses et à travers lui nous l'aurons aussi. » Et
dans la perle, Kino se vit accroupi près du feu avec Juana tandis qu'à leur côté, Coyotito lisait dans un gros livre. « Voilà ce
20 que fera la perle », déclara Kino. C'était la première fois de sa
vie qu'il prononçait autant de mots d'un seul coup. Et soudain,
il eut peur de ses paroles. Sa main se referma sur la perle et en
éteignit l'éclat. Kino avait peur comme a peur l'homme qui a dit :
« Je veux », sans savoir.

John Steinbeck, *La Perle* [1950], trad. de l'anglais par M. Duhamel
et R. Vavasseur, Gallimard, « La bibliothèque Gallimard », 2005.

---

1. Prophétique : annonciatrice.

Questions sur les groupements de textes

■ La figure du père

1. De quelle nature est la relation qui unit l'auteur et son père dans chacun des extraits d'autobiographie qui composent ce groupement ?

2. Pensez-vous que le portrait qu'un auteur fait d'un membre de sa famille est forcément objectif et digne de confiance ? Appuyez-vous pour répondre sur les textes du corpus et sur le roman d'Annie Ernaux que vous venez de lire, *La Place*.

■ L'ascension sociale

1. Qu'ont en commun les personnages de ces extraits ? Comment chacun procède-t-il pour accéder à un meilleur statut social ?

2. Pensez-vous que notre société actuelle offre à tous des chances égales pour évoluer et réussir dans la vie ?

Autour de l'œuvre

Interview d'Annie Ernaux

▶▶▶ *Annie Ernaux, pouvez-vous vous présenter ?*

Je suis née en 1940 à Lillebonne, en Normandie. Mes parents tenaient alors un petit café, mais mon père devait travailler à l'usine en complément pour subvenir aux besoins de la famille. Après la Seconde Guerre mondiale, nous sommes partis nous installer à Yvetot. Mes parents y ont acheté un nouveau café-épicerie, où j'ai grandi, et qu'ils n'ont plus jamais quitté. J'ai ensuite fait des études de lettres et je suis devenue professeur.

**Annie Ernaux
(née en 1940)**

▶▶▶ *Ces événements correspondent à ceux qui sont relatés dans La Place. Tous vos livres sont-ils autobiographiques ?*

Bien que mes trois premiers livres, *Les Armoires vides* (1974), *Ce qu'ils disent ou rien* (1977) et *La Femme gelée* (1981), soient écrits à la première personne, ce sont des romans ; ils sont proches du réel mais appartiennent à la fiction. C'est avec la publication de *La Place*, en 1984, et l'obtention du prix Renaudot la même année, que ma carrière d'écrivain a vraiment débuté. J'ai alors écrit d'autres récits : *Une femme*, consacré à ma mère, en 1988, *Passion simple* (1992), *Journal du dehors* (1993), *La Honte* (1997), *Les Années* (2008), *L'Autre Fille* (2011) dans lequel j'évoque ma sœur que je n'ai jamais connue. Tous ces récits sont riches de mon expérience.

▶▶▶ *Comment êtes-vous devenue écrivain ?*

J'ai commencé à écrire mon journal à seize ans. Je suis allée chercher un cahier dans le magasin de mes parents et j'ai noté l'année, la date, puis raconté le chagrin qui m'agitait : je n'avais pas de robe pour danser, et ne pouvais donc pas participer à un bal où se trouvaient des camarades de ma classe et le garçon que j'aimais. J'ai ainsi pris l'habitude d'écrire naturellement [1].

▶▶▶ *Quelles ont été vos motivations pour écrire* **La Place** *?*

Ce récit est né de la douleur d'avoir perdu mon père, j'ai voulu chercher à le comprendre, et donc écrire un roman sur son parcours de paysan devenu petit commerçant, sur son mode de vie. J'ai eu beaucoup de mal à écrire ce livre : j'ai commencé par lui donner la forme d'un roman, ce qui ne me convenait pas, j'ai donc décidé de raconter sa vie en relatant des faits précis, des paroles entendues.

▶▶▶ *Pourquoi avoir fait le choix d'une écriture « plate », comme vous la qualifiez ?*

L'écriture « plate », celle que j'utilisais pour écrire à mes parents lorsque j'étais jeune, s'est imposée à moi : concise, sans effet de style, sans humour. J'ai cherché à écrire de la façon la plus objective possible, sans expression des sentiments, sans complicité avec le lecteur.

Autour de l'œuvre

---

1. D'après *L'Écriture comme un couteau*, entretiens avec Frédéric Yves Jeannet, Stock, 2003.

Cette écriture ressemble à la langue de l'univers qui a été le mien jusqu'à dix-huit ans, un monde ouvrier et paysan. Je cherche également à trouver les mots et les phrases les plus justes pour faire exister les choses, je vise en somme une écriture du réel[1].

▶▶ *Comment travaillez-vous ?*

Je travaille chez moi, j'écris le matin, dans mon bureau, avec la vue sur des arbres et sur les étangs de Cergy. Je suis entourée de papiers, de photographies et de livres. Je m'impose une discipline stricte afin d'être concentrée : j'écris en silence, je ne prends pas de pause pour déjeuner, je ne réponds pas au téléphone[2].

---

1. *Ibid.*
2. D'après les propos rapportés par Christine Ferniot et Philippe Delaroche, entretien avec Annie Ernaux publié dans le magazine *Lire*, février 2008.

Contexte historique et culturel

Un siècle de conflits

Le XXᵉ siècle porte l'empreinte des grands conflits mondiaux qui l'ont déchiré. La Première Guerre mondiale fait plus de neuf millions de victimes et plus d'un homme sur dix en France, ainsi que trois millions de «gueules cassées».

Pendant l'entre-deux-guerres, l'Europe se reconstruit difficilement. Des innovations techniques voient le jour: automobiles, téléphone et radio. Le cinéma muet, la radio, le jazz distraient la population.

En 1939, le monde se trouve de nouveau plongé dans un conflit armé, le plus meurtrier de l'histoire: près de cinquante millions de morts sont à déplorer, sans compter les blessés et les populations déplacées. La Seconde Guerre mondiale laisse l'Europe sous le choc, dévastée, ses peuples décimés. La reconstruction s'engage et la croissance économique reprend progressivement, donnant naissance à trois décennies fastes, appelées «Trente Glorieuses» (1945-1973), une période d'essor économique qui voit la naissance de la société de consommation.

Parallèlement, un conflit d'un nouveau genre, la Guerre froide (1947-1991), oppose l'URSS aux États-Unis et à leurs alliés d'Europe de l'Ouest.

La décolonisation de plusieurs pays s'opère dans les années 1950-1960: des colonies revendiquent leur indépendance et de nouveaux conflits éclatent un peu partout dans le monde. De l'autre côté de la Méditerranée, la guerre d'Algérie (1954-1962), à l'issue de laquelle les Algériens obtiennent l'indépendance, déchire les communautés qui vivent en Algérie et entraîne une grave crise politique qui mène à la chute de la IVᵉ République en 1958.

Une société en mutation

À partir des années 1950, la société française connaît des bouleversements spectaculaires, tant sociaux que culturels. Ainsi, les logements s'agrandissent et gagnent en confort notamment grâce à l'avènement de l'électroménager; les ménages français, en plus du traditionnel poste de radio, acquièrent peu à peu une télévision.

Les loisirs se développent: la démocratisation des automobiles facilite les sorties en famille, le tourisme s'accroît dans les décennies 1960-1970. Grâce à l'instauration de la quatrième semaine de congés payés en 1969, plus de la moitié des Français part en vacances chaque été. Le cinéma devient, avec le sport, un des divertissements les plus populaires. La musique est également une distraction en vogue: dans les années 1960, le rock'n'roll connaît un succès fulgurant.

Après la Seconde Guerre mondiale, les changements sociaux amorcés pendant l'entre-deux-guerres se confirment. L'émancipation des femmes, en particulier, se poursuit par de grandes avancées. Le droit de vote leur est accordé en 1944. En 1965, la loi est réformée afin de permettre aux femmes d'ouvrir un compte en banque et d'exercer une profession sans l'autorisation de leur époux. La contraception est légalisée en 1967 et l'avortement dépénalisé en 1975.

Enfin, les mutations de la société bouleversent l'aménagement du territoire français: les villes se développent et les banlieues naissent, car c'est en zone urbaine que se concentrent les emplois, au détriment des campagnes, qui connaissent un exode rural.

L'essor du récit autobiographique

L'autobiographie est un genre littéraire ancien, rendu célèbre au XVIIIe siècle par *Les Confessions* de Jean-Jacques Rousseau, publiées après sa mort (1782-1789). Au XIXe siècle, les *Mémoires d'outre-tombe* de Chateaubriand sont publiés de façon posthume, en 1849-1850; *La Vie d'Henry Brulard* de Stendhal est publiée en 1890, plusieurs années après sa rédaction.

Au début du siècle, les travaux de Sigmund Freud (1856-1939) influencent le devenir du récit autobiographique: la découverte de l'inconscient apporte un intérêt nouveau pour l'écriture de soi, et l'individu, décomplexé, peut exhiber sa vie intérieure sans pudeur. Des auteurs de romans ou d'essais s'interrogent alors sur la façon d'écrire leur vie : Jean-Paul Sartre raconte son enfance dans *Les Mots* (1964), Albert Cohen rend hommage à sa mère dans *Le Livre de ma mère* (1954). L'autobiographie peut également être le lieu d'une réflexion sur l'histoire commune, et non seulement sur l'histoire individuelle, à l'image de Georges Perec dans *W ou le Souvenir d'enfance* (1975). Dans sa lignée, Nathalie Sarraute cherche à échapper aux lieux communs du genre, et adopte une forme novatrice : dans *Enfance* (1983), elle met en scène deux voix, celle qui raconte son enfance et celle qui s'interroge sur la méthode d'introspection (➡ voir Groupement de textes 1, p. 110-111).

À partir des années 1970, l'intérêt pour ce genre est relancé par les travaux de Philippe Lejeune. Il définit l'autobiographie comme étant « le récit rétrospectif [...] qu'une personne réelle fait de sa propre existence, lorsqu'elle met l'accent principal sur sa vie individuelle, en particulier sur l'histoire de sa personnalité »[1]. Les écritures autobiographiques constituent aujourd'hui un genre très actif et varié, tant en littérature qu'en bande dessinée, mais aussi grâce aux journaux intimes ou aux blogs.

---

1. Philippe Lejeune, *Le Pacte autobiographique* [1975], Le Seuil, « Points », 1996.

Repères chronologiques

1914-1918	**Première Guerre mondiale.**
1936-1938	**Front Populaire : une coalition de partis de gauche dirige la France.**
1939-1945	**Seconde Guerre mondiale.**
1944	**Droit de vote accordé aux femmes.**
1945	**Institution de la Sécurité Sociale.**
1945-1973	**Trente Glorieuses.**
1947	**Lancement de la 4 CV par le constructeur automobile Renault.**
1948	**Déclaration universelle des droits de l'homme.** Jacques Tati, *Jour de fête* (cinéma). Simone de Beauvoir, *Le Deuxième Sexe* (essai).
1949	**Ouverture du premier supermarché Leclerc.**
1954-1962	**Guerre d'Algérie.**
1959	François Truffaut, *Les Quatre Cents Coups* (cinéma).
1962	Andy Warhol, *Campbell's soup cans* (peinture).
1968	**Mouvement social de mai 68, à l'initiative des étudiants et dirigé contre la société traditionnelle et le pouvoir politique en place.**
1970	Duane Hanson, *Supermarket lady* (sculpture).
1974	**Légalisation de l'avortement sous conditions.**
1981	**Abolition de la peine de mort.**
1983	Nathalie Sarraute, *Enfance* (récit autobiographique).
1984	Publication de *La Place*, auquel est attribué le prix Renaudot le 12 novembre.
1989	**Chute du mur de Berlin.**

Les grands thèmes de l'œuvre

Le rapport au père

Un hommage à la figure paternelle

Quoique dénué de sentiments et ne laissant aucune place à l'attendrissement, le texte de *La Place* rend hommage à la figure paternelle. C'est en donnant une place importante à l'évocation de la vie quotidienne que la narratrice tâche de retranscrire la vie de son père de la façon la plus réaliste possible, et c'est aussi ce qui révèle son affection. Une multitude de détails, depuis l'alimentation (p. 47, 55) ou l'habillement (p. 47, 55) jusqu'au rapport aux objets (p. 48, 84) ou aux loisirs (p. 26, 53, 60) est ainsi livrée. Réhabiliter un mode de vie, que la narratrice a abandonné depuis sa jeunesse, constitue pour elle une façon de réparer la trahison qu'elle estime avoir commise en ayant eu honte de son père.

Le remords semble d'ailleurs être une des motivations profondes du récit. Celui-ci est une façon de donner la mesure de l'héritage paternel. Ayant en effet accédé à la bourgeoisie, la narratrice a longtemps renié ses racines. Le récit a pour objectif de leur redonner toute leur place : « J'ai fini de mettre au jour l'héritage que j'ai dû déposer au seuil du monde bourgeois et cultivé quand j'y suis entrée » (p. 88).

Enfin, la volonté de faire un portrait du père le plus proche possible de la réalité passe également par la place faite aux citations, qui émaillent le texte : elles semblent avoir pour but de fixer l'identité et la voix du père, comme un remède contre l'oubli : « *Je n'ai pas quatre bras.* [...] *La grippe, moi, je la fais en marchant* » (p. 48).

Le décalage entre un père et sa fille

La narratrice et son père n'ont jamais été proches : leur relation filiale s'est construite autour de non-dits, d'incompréhensions, de déceptions, d'un décalage de valeurs.

Adolescente, la narratrice doit composer avec la philosophie de ses parents et avec le sentiment de privation qui en découle : leur principe de vie est de ne pas désirer plus que ce qu'on a, de ne pas « *péter plus haut qu'on l'a* », selon leur expression (p. 49). L'idée que leur fille puisse exprimer des désirs qu'ils ne peuvent ou ne souhaitent pas satisfaire est un sujet de crispation, et les parents anticipent avec sévérité ses demandes potentielles, comme au sujet de la visite des châteaux de la Loire (p. 49).

L'incompréhension gouverne la relation père-fille, et c'est à propos de la notion de culture, de travail intellectuel, que cette incompréhension est la plus forte : le père ne comprend pas le goût de sa fille pour la lecture (p. 70), et même s'il ne l'empêche pas de poursuivre ses études, il ne les considère pas comme un vrai travail : « Il disait que j'apprenais bien, jamais que je travaillais bien. Travailler, c'était seulement travailler de ses mains » (p. 70-71). Devant les clients du café, le père ne montre pas sa fierté que sa fille ait connu la réussite sociale et professionnelle, fierté qui n'est révélée qu'après son décès, lorsque la narratrice découvre la coupure de journal qu'il avait conservée (p. 17-18).

L'inadaptation du père renforce le décalage avec sa fille : le père n'est pas plus à sa place à la bibliothèque (p. 88-89), où il emmène pourtant sa fille pour lui faire plaisir, qu'il ne l'est au repas de mariage où il est affublé d'un costume sur mesure et de boutons de manchettes, et où il s'ennuie profondément (p. 79).

Le langage, objet de discorde

Le langage est au centre de toutes les tensions entre le père et sa fille. Issu d'une famille de paysans qui parlaient le patois du pays de Caux, le père de la narratrice n'est pas à l'aise avec le langage. Il récuse l'usage du patois, qui lui rappelle ses origines modestes et dont il pense qu'il lui donnera une image rustre (p. 51). Mais en même temps, contrairement à son épouse, il ne parvient pas à s'accoutumer aux expressions en vogue, dénuées de sens pour lui (p. 52). Manier le langage n'est pas pour le père une chose naturelle, mais un perpétuel sujet d'efforts et de contraintes. Ainsi n'imagine-t-il pas que certains puissent maîtriser le langage au point de parler correctement sans faire d'effort particulier : « il lui a toujours paru impossible que l'on puisse parler "bien" naturellement. Toubib ou curé, il fallait se forcer, s'écouter, quitte chez soi à se laisser aller » (p. 51).

Au fil des études de la narratrice, un fossé linguistique se creuse entre la narratrice et son père, jusqu'à devenir définitif lorsqu'elle fait des études de lettres et maîtrise donc parfaitement le langage « châtié ». À table, la jeune fille entreprend par exemple de reprendre son père à propos d'un mot erroné, ce qui provoque une violente crise, faite de colère d'un côté et de larmes de l'autre (p. 52).

En introduisant dans son œuvre les paroles prononcées par son père, la narratrice donne à entendre les maximes ou les phrases banales et récurrentes, telles que « la police, il en faut » (p. 70), qui ont bercé toute sa jeunesse. Ce mode d'expression fait de généralités révèle l'absence de pensée indépendante et d'esprit critique du père, et constitue le fond de sa différence culturelle avec sa fille.

La condition sociale

L'argent, éternel sujet d'inquiétudes

Dès les premières pages du récit, l'argent occupe une place importante : il est associé au travail physique, à la nécessité de gagner sa vie pour pouvoir nourrir la famille (p. 22). Même après l'acquisition de leur premier commerce, où les parents s'étonnent « de gagner de l'argent [...] avec une telle simplicité », la crainte de manquer d'argent, de « manger le fonds » (p. 38) ne les quitte pas. Les difficultés financières touchent également les clients de l'épicerie, qui contractent des dettes (p. 38). C'est seulement avec le deuxième commerce que la famille cesse de souffrir du manque : « on avait tout ce qu'il faut, c'est-à-dire qu'on mangeait à notre faim » (p. 47).

Pourtant, les parents continuent d'entretenir une relation complexe à l'argent : chaque dépense est calculée au plus juste, aucune

place n'est laissée au superflu, la valeur accordée aux choses maté-
rielles paraît disproportionnée, comme le révèle l'anecdote de la robe
déchirée qui entraîne une réprimande sévère et incompréhensible
pour la petite fille (p. 48). L'argent est un sujet tabou: «Phrase interdite: "Combien vous avez payé ça?"» (p. 50).

L'argent se présente donc comme un marqueur social: il a permis
aux parents de se faire une place dans la société, mais ils ne cessent
de craindre d'en manquer, de sorte que leur nouvelle aisance ne leur
apporte pas de réel confort dans la vie quotidienne.

La honte de son identité

La honte est un sentiment récurrent dans le récit, bien que très
rarement mentionné explicitement. La jeune fille a régulièrement
honte de son père, qui ne maîtrise pas correctement le langage ou qui
ne se comporte pas comme elle le souhaiterait, notamment devant
ses amies (p. 78).

La crainte de l'humiliation est obsédante chez le père de la narratrice: honte de ne pas comprendre ce qu'on lui a dit et gêne à demander des explications, comme avec l'institutrice qui annonce que la
petite fille devra porter un «*costume de ville*» (p. 50); honte du mot
incorrect, comme chez le notaire avec la faute sur le mot «approuvé»
(p. 49); honte dans le train lorsque par mégarde il monte dans un
wagon de première classe (p. 49). La honte est donc toujours asso-
ciée au sentiment d'infériorité du père, à la conscience de n'avoir pas
fait d'études et à la crainte de le laisser paraître.

La crainte de paraître déplacé

Ayant acquis péniblement sa place dans la société, le père reste
hanté par la crainte de ne pas se sentir à sa place. S'il est à l'aise
dans son milieu, le père montre en revanche une «raideur timide»
(p. 50) dès qu'il se trouve confronté à des gens d'une autre catégorie
sociale que la sienne. Se sentant inférieur à cause de son manque
d'éducation, sa stratégie est de «cach[er] le mieux possible» (p. 50)
cette infériorité, en taisant ce qu'il ne comprend pas (p. 51), en évitant
d'attirer l'attention sur lui et en ne posant pas de questions (p. 50):

finalement, l'ascension sociale du père l'empêche de vivre à son aise et multiplie les barrières avec son entourage.

Face à des personnes plus éduquées, il cherche à paraître sous son meilleur jour, comme en s'enquérant poliment des goûts des invitées de sa fille (p. 78) ou en portant une cravate pour recevoir son petit ami et en lui faisant faire fièrement le tour du propriétaire (p. 78). C'est paradoxalement ces efforts qui trahissent son manque d'aisance sociale: la narratrice souligne bien que l'empressement du père envers ses amies, ou sa courtoisie envers son futur gendre, sont justement ce qui le fait paraître « déplacé ».

Vers l'écrit du Brevet

L'épreuve de français du Brevet se compose de deux parties. La première est consacrée à l'analyse et à l'interprétation d'un texte littéraire et d'une image portant sur le même thème, et comporte un exercice de réécriture. La seconde contient une dictée et un travail de rédaction.

Partie I **Analyse et interprétation de textes et de documents, réécriture** (1 h 10, 25 points)

A. Texte littéraire

Annie Ernaux, *La Place* (1983)

La narratrice de La Place *rend hommage à son père en racontant comment, au milieu du XXᵉ siècle, il est passé d'ouvrier à tenancier de café en conquérant sa «place» dans la société. La narratrice explique ici le rapport que ses parents entretiennent avec les choses de la vie quotidienne.*

On avait tout *ce qu'il faut*, c'est-à-dire qu'on mangeait à notre faim (preuve, l'achat de viande à la boucherie quatre fois par semaine), on avait chaud dans la cuisine et le café, seules pièces où l'on vivait. Deux tenues, l'une pour le tous-les-jours, l'autre

5 pour le dimanche (la première usée, on *dépassait*[1] celle du dimanche au tous-les-jours). J'avais *deux* blouses d'école. *La gosse n'est privée de rien.* Au pensionnat, on ne pouvait pas dire que j'avais *moins bien que les autres,* j'avais *autant* que les filles de culti-vateurs ou de pharmacien en poupées, gommes et taille-crayons,

10 chaussures d'hiver fourrées, chapelet et missel vespéral romain[2].

Ils ont pu embellir la maison, supprimant ce qui rappelait l'ancien temps, les poutres apparentes, la cheminée, les tables en bois et les chaises de paille. Avec son papier à fleurs, son comptoir peint et brillant, les tables et guéridons en simili-marbre[3], le café

15 est devenu propre et gai. Du balatum[4] à grands damiers jaunes et bruns a recouvert le parquet des chambres. [...]

Il a emprunté pour devenir propriétaire des murs et du ter-rain. Personne dans la famille ne l'avait jamais été.

Sous le bonheur, la crispation de l'aisance gagnée à l'arra-

20 ché[5]. *Je n'ai pas quatre bras. Même pas une minute pour aller au petit endroit. La grippe, moi, je la fais en marchant.* Etc. Chant quotidien.

Comment décrire la vision d'un monde où tout *coûte cher.* Il y a l'odeur de linge frais d'un matin d'octobre, la dernière chanson du poste qui bruit dans la tête. Soudain, ma robe s'accroche par

25 la poche à la poignée du vélo, se déchire. Le drame, les cris, la journée est finie. «Cette gosse ne *compte*[6] rien!»

Sacralisation[7] obligée des choses. Et sous toutes les paroles, des uns et des autres, les miennes, soupçonner des envies et des comparaisons. Quand je disais, «il y a une fille qui a visité les

30 châteaux de la Loire», aussitôt, fâchés, «Tu as bien le temps d'y aller. Sois heureuse avec ce que tu as». Un manque continuel, sans fond.

Annie Ernaux, *La Place*, Gallimard, 1983.

1. **Dépassait** : passait.
2. **Missel vespéral romain** : livre de prières catholique.
3. **Simili-marbre** : faux marbre.
4. **Balatum** : revêtement de sol.
5. **À l'arraché** : durement, difficilement.
6. **Ne compte rien** : ne fait attention à rien.
7. **Sacralisation** : grande importance accordée à quelque chose.

B. Image

Frida Kahlo, *Mes grands-parents, mes parents et moi*, peinture à l'huile et tempera sur métal, 1936.

➡ Image reproduite en fin d'ouvrage, au verso de la couverture.

■ *Questions* (1 h, 20 points)

Les réponses aux questions doivent être entièrement rédigées.

• **Sur le texte littéraire** (document A)

1. a. Qui est désigné par le pronom « on » dans les premières lignes du texte ? **(1 point)**

b. Qu'est-ce qui, dans le texte, donne l'impression que les événements racontes sont réels ? **(1 point)**

2. Dans le premier paragraphe, quel est le temps dominant ? Quelle est sa valeur ? **(1 point)**

3. a. Selon vous, qui prononce les expressions en italique ? **(1 point)**

b. Quel est l'effet créé par l'emploi de l'italique ? **(1 point)**

c. Relevez au moins deux expressions qui montrent le rapport qu'entretiennent les parents de la narratrice avec l'argent. **(1 point)**

4. a. Dans le premier paragraphe, relevez au moins deux indices qui montrent que, pour l'époque, la famille mène une existence relativement aisée. **(1 point)**

b. Quelles modifications les parents de la narratrice apportent-ils à leur intérieur ? Appuyez votre réponse sur une citation précise du texte. **(1 point)**

5. Expliquez la formation du mot « embellir ». **(1 point)**

6. « Il a emprunté <u>pour devenir propriétaire des murs et du terrain</u>. »
a. Quelle est la fonction grammaticale de la proposition soulignée ? **(1 point)**

b. Reformulez cette phrase en exprimant le même rapport logique. **(1 point)**

7. a. Quel niveau de langue est utilisé par le père aux lignes 6 à 8 ?
(1 point)
b. Sur quel ton les phrases citées aux lignes 20 à 21 sont-elles
probablement prononcées ? Que révèlent ces phrases sur le caractère
du père ? **(1 point)**
c. Que révèle l'anecdote de la robe déchirée, lignes 22 à 26, sur la valeur
accordée aux objets ? **(1 point)**

8. Partagez-vous la « vision d'un monde où tout *coûte cher* »
de la narratrice ? Construisez une réponse argumentée pour défendre
votre point de vue. **(2 points)**

• Sur le texte littéraire et l'image (documents A et B)

9. De quelle nature sont les liens qui unissent les personnages
représentés sur cette toile ? Quel lien pouvez-vous établir avec le texte
étudié ? **(2 points)**

10. Pensez-vous que l'éducation que les parents donnent à leurs enfants
a une influence sur l'adulte qu'ils deviennent ensuite ? **(2 points)**

■ *Réécriture* (10 min, 5 points)

« *Je n'ai pas quatre bras. Même pas une minute pour aller au petit
endroit. La grippe, moi, je la fais en marchant.* »
Réécrivez ce passage au discours indirect. Commencez par « Il disait… ».
Effectuez toutes les transformations nécessaires.

Vers l'écrit du Brevet

Partie II Rédaction et maîtrise de la langue (1 h 50, 25 points)

■ *Dictée* (20 min, 5 points)

Votre professeur vous dictera un extrait de *La Place* : pages 37 à 38, lignes 454 à 466.

■ *Travail d'écriture* (1 h 30, 20 points)

Vous traiterez au choix le sujet A ou B.

• Sujet A

Il vous est déjà arrivé de désirer quelque chose que vos parents ne voulaient pas vous acheter. Racontez la conversation qui s'est engagée entre eux et vous. Vous commencerez par présenter la situation, puis vous insérerez un dialogue dans lequel chacun avancera ses arguments. Le dernier paragraphe racontera l'issue de l'anecdote.

Votre rédaction sera d'une longueur minimale d'une soixantaine de lignes (300 mots environ).

• Sujet B

Dans cet extrait, la narratrice aborde la question de la possession des biens matériels. Pensez-vous qu'il soit nécessaire, dans notre société, de posséder les objets à la mode ? Pourquoi ? Vous exposerez votre réflexion en l'illustrant par des exemples tirés de votre vie quotidienne.

Votre rédaction sera d'une longueur minimale d'une soixantaine de lignes (300 mots environ).

Fenêtres sur...

 Des ouvrages à lire

Un autre récit d'Annie Ernaux

• Annie Ernaux, *Une femme* [1987], Gallimard, « La bibliothèque Gallimard », 2002.

De même que, dans La Place, elle racontait l'histoire de son père après sa mort, dans Une Femme, Annie Ernaux raconte celle de sa mère, également après sa mort. Elle revient ainsi sur les différents moments de la vie de la figure maternelle, entreprise d'écriture qui lui permet également de revenir sur ce monde auquel elle n'appartient plus, mais aussi de faire son deuil.

Des récits autobiographiques

• Colette, *La Maison de Claudine* [1922], LGF, « Le livre de poche », 1978.

La Maison de Claudine rassemble de brefs textes dans lesquels Colette raconte ses souvenirs d'enfance heureux. Elle y fait le portrait de sa mère Sido, mais aussi celui de son père, figure haute en couleurs dans le village, et de ses frères et sœur. Elle y retrace également ses jeux d'enfant, parle de son amour pour les bêtes et de certaines figures mémorables du village.

• Albert Cohen, *Le Livre de ma mère* [1954], Belin-Gallimard, « Classico », 2017.

Ce récit autobiographique d'Albert Cohen est un hommage bouleversant à la figure maternelle dans lequel bien des enfants peuvent se reconnaître.

• Marcel Pagnol, *La Gloire de mon père* [1957], Éd. de Fallois, « Fortunio », 2004.

Premier volume des souvenirs d'enfance de Marcel Pagnol, La Gloire de mon père raconte les vacances passées en famille dans la garrigue. Le jeune Marcel y tombe amoureux de la nature, des collines, des massifs rocheux et, voulant suivre son père et son oncle Jules partis à la chasse, s'y égare.

• Romain Gary, *La Promesse de l'aube* [1960], Gallimard, « Folioplus classiques », 2009.

Romain Gary a grandi seul avec sa mère qui lui vouait un amour inconditionnel et nourrissait de grands espoirs pour lui. Il revient avec humour sur sa vie d'enfant et, devenu adulte, analyse le rôle qu'a joué sa mère dans la construction de sa vie et de sa personnalité.

• Nathalie Sarraute, *Enfance* [1983], Gallimard, « Folioplus classiques », 2004.

Sous la forme d'un dialogue avec elle-même, Nathalie Sarraute raconte ses souvenirs d'enfance, jusqu'à ses onze ans. Véritable entreprise d'introspection, le livre décrit ses parents, divorcés, et la figure froide de sa mère. Les deux voix qui se répondent constituent l'originalité de cette autobiographie qui oscille entre un récit de l'enfance et une interrogation sur la méthode d'introspection.

• Patrick Modiano, *Un pedigree* [2005], Gallimard, « Folio », 2006.

Dans ce court récit autobiographique, Patrick Modiano revient sur les vingt et une premières années de sa vie: il y parle de ses parents qui se sont connus pendant l'Occupation et qui vivaient dans un milieu inquiétant, son père faisant, entre autres, des affaires au marché noir. Délaissés par ses parents, son frère et lui-même sont perçus comme une charge encombrante: le livre retrace donc les relations difficiles entretenues avec les parents.

Des bandes dessinées autobiographiques

• Art Spiegelman, *Maus* [1981-1991], Flammarion, 1998 (2 tomes réunis en intégrale).

Ce chef-d'œuvre de la bande-dessinée retrace deux récits à la fois, constituant presque une double autobiographie. Il s'agit d'abord de l'histoire du père du dessinateur, juif polonais, survivant du camp d'Auschwitz. Pour rendre ce récit supportable, le dessinateur a fait le choix de représenter les Juifs en souris et les nazis en chats. Mais l'auteur rapporte aussi avec lucidité le dialogue entre son père et lui-même, révélant les délicates relations avec un père enfermé dans le stéréotype raciste du Juif, et la difficulté pour un fils de se construire à l'ombre d'un père survivant de la Shoah.

• Manu Larcenet, *Le Retour à la terre*, 5 tomes, Dargaud, « Poisson Pilote », 2002-2008.

Les cinq tomes forment une autobiographie comique et colorée. Dans une suite de courts gags de six cases maximum, Larcenet raconte, sous le masque de son personnage, Manu Larssinet, son déménagement à la campagne et le changement de vie qui coïncide avec celui-ci, tant bien que mal.

Des histoires d'ascensions sociales

• Molière, *Le Bourgeois gentilhomme* [1673], Belin-Gallimard, « Classico », 2015.

M. Jourdain, bourgeois inculte et risible, souhaite devenir noble : il espère marier sa fille à un noble, et entend bien se cultiver lui-même pour prétendre à son titre. Pour faire partie des « gens de qualité », il engage des maîtres d'armes, de musique, de danse, de philosophie qui profitent de sa crédulité et de son ignorance. Incapable d'acquérir toutes les notions étrangères à sa classe sociale, il est la risée de tous.

• Stendhal, *Le Rouge et le Noir* [1830], Gallimard, « La bibliothèque Gallimard », 1999.

Roman de passions et d'ambitions, Le Rouge et le Noir retrace le parcours de Julien Sorel, jeune provincial arriviste et ambitieux, qui séduit successivement Mme de Rênal, épouse du maire de Verrières, dont il est précepteur des enfants, puis Mathilde de la Mole, fille du marquis dont il devient secrétaire. Mathilde se retrouve enceinte ; il est question que Julien l'épouse, mais, toujours amoureux de Mme de Rênal, il est tiraillé entre passion et ambition.

• Émile Zola, *Nana* [1880], Gallimard, « Folio classique », 2002.
Fille de Gervaise Macquart et de Coupeau, dont l'histoire est racontée dans L'Assommoir, Nana parvient à s'élever dans l'échelle sociale en acceptant d'abord un rôle d'actrice, puis en vivant au crochet de ses très nombreux amants et même d'une maîtresse, qu'elle mène tous un à un à la ruine à force de frivolités, de caprices et de débauches.

Des films à voir

(Les œuvres citées ci-dessous sont disponibles en DVD.)

Des parents et leurs enfants

• *La Gifle*, Claude Pinoteau, couleurs, 1974.
Jean Douélan, professeur de géographie, élève seul sa fille Isabelle, qui a échoué à ses examens, et veut vivre avec son petit ami Marc. Éclate entre le père et la fille une violente dispute, qui s'achève sur une gifle. Isabelle s'enfuit alors pour rejoindre sa mère à Londres.

• *Mon père ce héros*, Gérard Lauzier, couleurs, 1991.
Véronique, quinze ans, est en vacances à l'île Maurice avec son père (joué par Gérard Depardieu). Pour impressionner un garçon dont elle est tombée amoureuse, elle fait passer son père pour son petit ami agent secret.

• *La vie est belle*, Roberto Benigni, couleurs, 1998.
Déporté dans un camp de concentration, un Juif italien fait croire à son fils, pour le préserver de l'horreur, que le camp est en fait un jeu dont le gain final est un char. Chaque activité du camp devient ainsi une épreuve du jeu. Véritable conte moderne, La vie est belle retrace avec optimisme et légèreté une des plus sombres époques de notre histoire.

• *Vipère au poing*, Philippe de Broca, couleurs, 2004.
Vipère au poing retrace l'enfance infernale vécue par deux frères, entre leur père démissionnaire et leur mère tyrannique qu'ils surnomment «Folcoche», association de folle et de cochonne. Une véritable guerre, qui va d'humiliations en représailles, s'engage entre les enfants et la mère affreusement autoritaire.

• *Somewhere*, Sofia Coppola, couleurs, 2010.
Johnny Marco, acteur célèbre et grand séducteur, vit à Hollywood et mène une existence dissolue. Un jour, il reçoit une visite inattendue: celle de sa fille, Cleo, onze ans. Le père trop souvent absent et la fille précoce apprennent à se connaître: ils partent en Italie pour la promotion du film de Johnny. Au fil des jours, une relation complice s'instaure entre le père et la fille que tout éloignait au départ, au point que Cleo parvient même à le remettre sur la voie d'une vie plus sérieuse.

Sur l'ascension sociale

• *Le Rouge et le Noir*, Claude Autant-Lara, noir et blanc, 1954 (version colorisée en 2010).
Julien Sorel, jeune provincial ambitieux, entre comme précepteur chez M. de Rênal, le maire de la petite ville de Verrières. Il y entame rapidement une liaison passionnée avec Mme de Rênal. Leur liaison découverte, il trouve une nouvelle place chez le marquis de la Mole, dont il tombe éperdument amoureux de la fille, Mathilde.

• *Match Point*, Woody Allen, couleurs, 2005.
Chris Wilton, jeune professeur de tennis, se fait embaucher dans un club huppé où il ne tarde pas à sympathiser avec Tom Hewett, un jeune homme riche. Très vite introduit dans la haute société, il séduit la sœur de Tom et, alors qu'il s'apprête à se marier avec elle et voit donc sa situation sociale changer, il tombe éperdument amoureux de la jolie fiancée de Tom, Nola Rice, actrice américaine venue tenter sa chance en Angleterre.

• *Bel-Ami*, Declan Donnellan et Nick Ormerod, couleurs, 2012.
Georges Duroy, surnommé «Bel-Ami» (joué par Robert Pattinson), jeune homme ambitieux et grand séducteur, connaît une fulgurante ascension sociale grâce aux relations qu'il tisse, tant professionnelles que sentimentales.

🏛 *Des œuvres d'art à découvrir*   Histoire des arts

(Toutes les œuvres citées ci-dessous peuvent être vues sur Internet.)

L'œuvre de deux photographes des années 1950

• **Robert Doisneau** (1912-1994) se rattache au courant de la photographie dite «humaniste». Il débute sa carrière comme photographe industriel chez Renault (ses clichés sur les sorties des usines sont célèbres). Le Paris populaire d'après-guerre et la banlieue constituent ses sujets d'inspiration. Ses clichés montrent aussi bien des commerçants que des amoureux, des ouvriers que des mariés ou encore des enfants... avec à chaque fois une situation insolite, un trait d'humour, de la nostalgie.
Le site **www.robert-doisneau.com/fr/** permet de consulter ses clichés, organisés dans un portfolio thématique.

• **Henri Cartier-Bresson** (1908-2004) s'est fait connaître par le photojournalisme, puis s'est illustré dans le reportage de rue, cherchant toujours à rendre les aspects pittoresques de la vie quotidienne. Il a également photographié la plupart des événements historiques de son siècle, comme la libération de Paris en 1944, et des personnalités marquantes, telles Gandhi ou les Républicains espagnols de 1938.
Vous pourrez découvrir ses œuvres sur le site **www.henricartierbresson.org/**.

Le mouvement artistique du *pop art*

• **Andy Warhol** (1928-1987) est un artiste américain, emblème d'un mouvement artistique baptisé «*pop art*», qui puise son inspiration dans les images ou les objets de la culture populaire et témoigne ainsi de l'avènement de la consommation et de la culture de masse. Il est connu pour ses boîtes de soupe Campbell's transformées en œuvre d'art, ou pour ses portraits colorisés de Marilyn Monroe.

• **Roy Lichtenstein** (1923-1997) est un artiste américain, représentant du mouvement *pop art*, qui exploite dans ses œuvres l'imagerie populaire, en particulier la bande dessinée et la publicité.

• Un dossier consacré au pop art est disponible sur le site du Centre Georges Pompidou: www.centrepompidou.fr/education/ressources/ens-pop_art/ens-pop_art.htm.

@ Des sites Internet à consulter

• **www.ina.fr**
Le site de l'Institut National de l'Audiovisuel propose des interviews de l'auteur, qu'on trouve grâce à la barre de recherches du site.

• **www.franceinter.fr**
En utilisant la barre de recherches du site, on peut accéder à des émissions de radio consacrées à Annie Ernaux, avec des interviews.

Fenêtres sur...

Notes

Notes

Notes

Notes

_____

_____

_____

_____

_____

_____

_____

_____

_____

_____

_____

_____

_____

_____

Notes

Notes

Dans la même collection

CLASSICOCOLLÈGE

Jacob et Wilhelm Grimm – *Contes* (73)
Homère – *L'Odyssée* (14)
Victor Hugo – *Claude Gueux* (6)
Victor Hugo – *Les Misérables* (110)
Joseph Kessel – *Le Lion* (38)
Rudyard Kipling – *Le Livre de la Jungle* (133)
Jean de La Fontaine – *Fables* (74)
J.M.G. Le Clézio – *Mondo et trois autres histoires* (34)
Mme Leprince de Beaumont – *La Belle et la Bête* (140)
Jack London – *L'Appel de la forêt* (30)
Marivaux – *L'Île des esclaves* (139)
Guy de Maupassant – *Histoire vraie et autres nouvelles* (7)
Guy de Maupassant – *Le Horla* (54)
Guy de Maupassant – *Nouvelles réalistes* (97)
Prosper Mérimée – *Mateo Falcone* et *La Vénus d'Ille* (8)
Molière – *L'Avare* (51)
Molière – *Le Bourgeois gentilhomme* (62)
Molière – *Les Fourberies de Scapin* (9)
Molière – *George Dandin* (115)
Molière – *Le Malade imaginaire* (42)
Molière – *Le Médecin malgré lui* (13)
Molière – *Le Médecin volant et L'Amour médecin* (52)
Jean Molla – *Sobibor* (32)
Michael Morpurgo – *Cheval de guerre* (154)
Jean-Claude Mourlevat – *Terrienne* (159)
George Orwell – *La Ferme des animaux* (130)
Ovide – *Les Métamorphoses* (37)
Charles Perrault – *Contes* (15)
Edgar Allan Poe – *Trois nouvelles extraordinaires* (16)
Jules Romains – *Knock ou le Triomphe de la médecine* (10)
Edmond Rostand – *Cyrano de Bergerac* (58)
Antoine de Saint-Exupéry – *Lettre à un otage* (11)
William Shakespeare – *Roméo et Juliette* (70)
Sophocle – *Antigone* (81)
John Steinbeck – *Des souris et des hommes* (100)
Robert Louis Stevenson – *L'Étrange Cas du Dr Jekyll et de M. Hyde* (155)
Robert Louis Stevenson – *L'Île au Trésor* (95)
Jean Tardieu – *Quatre courtes pièces* (63)
Michel Tournier – *Vendredi ou la Vie sauvage* (69)
Fred Uhlman – *L'Ami retrouvé* (80)
Paul Verlaine – *Romances sans paroles* (12)
Anne Wiazemsky – *Mon enfant de Berlin* (98)
Émile Zola – *Au Bonheur des Dames* (128)

CLASSICOLYCÉE

Pour obtenir plus d'informations, bénéficier d'offres spéciales enseignants ou
nous communiquer vos attentes, renseignez-vous sur **www.collection-classico.com**
ou envoyez un courriel à **contact.classico@editions-belin.fr**

Cet ouvrage a été composé par Palimpseste à Chevreuse.
Imprimé en Espagne par Novoprint (Barcelone)
Dépôt légal: août 2017 – N° d'édition: 41000475-02/août2019